ハーバード大学名誉教授

エズラ・ヴォーゲル 最後の授業

永遠の隣人

エズラ・F・ヴォーゲル　李 春利［著］

愛知大学国際中国学研究センター 特別記念出版

ベストセラー「ジャパン アズ ナンバーワン」

Japan as No.1 から40年

Ezra F. Vogel ／ 傅高義

エズラ・F・ヴォーゲル氏

ハーバード大学 名誉教授

ハーバード大学社会学博士
フェアバンク中国研究センター所長、アジアセンター初代所長などを歴任。93年～95年、ワシントンの国家情報会議（NIC）東アジア担当の国家情報官に就任。
『ジャパン アズ ナンバーワン』（1979年）が日本で、『現代中国の父　鄧小平』（2013年）が中国でベストセラーに。11月に『日中関係史：1500年の交流から読むアジアの未来』（日本経済新聞出版社）が刊行される。

© Gwendolyn Stewart 2018

愛知大学中国公開講座⑳ 2019 特別編

聴講無料 ｜ 要申込

定員 500名
応募者多数の場合は抽選となります。

「永遠の隣人：日中の歴史から考えるアジアの未来」

"China and Japan: Learning from Each Other"

◎司会　李 春利 ／ Chunli Li　愛知大学経済学部教授・愛知大学国際中国学研究センター（ICCS）運営委員

2019 年 11月23日（土・祝） 12:20 ～ 13:50（開場／12:00） ご来場の際は公共交通機関をご利用ください。

愛知大学 名古屋キャンパス グローバルコンベンションホール　名古屋市中村区平池町 4-60-6 ささしまライブ

〔参加申込方法〕 愛知大学公式サイト、もしくはハガキに必要事項をご記入の上、11月13日（水）までにお申込みください。詳細は裏面をご参照ください。

愛知大学
AICHI UNIVERSITY

主催：愛知大学　　主管：愛知大学国際中国学研究センター（ICCS）
特別後援：中部経済同友会
後援：東海日中貿易センター　名古屋市教育委員会
　　　愛知県日本中国友好協会　愛知大学教育研究支援財団
協力：株式会社日本経済新聞出版社

ささしまライブ
Sasashima Live

愛知大学中国公開講座⑳ 2019特別編 （2019年11月23日・名古屋）
愛知大学
ハーバード大学名誉教授
エズラ・ヴォーゲル先生を囲むランチ交流会
（ Ezra Vogel / 傅 高義 ）

ハーバード大学名誉教授
エズラ・ヴォーゲル先生を囲むランチ交流会
（ Ezra Vogel / 傅 高義 ）
えるアジアの未来」

愛知大学中国公開講座㉚ 2019特別編
講演テーマ
「永遠の隣人：
日中の歴史から考えるアジアの未来」
"China and Japan:Learning from Each Other"
ハーバード大学　名誉教授
エズラ・ヴォーゲル氏
Ezra Vogel／傅高義
AICHI UNIVERSITY

愛知大学中国公開講座㉚ 2019特別編
講演テーマ
「永遠の隣人：
日中の歴史から考えるアジアの未来」
"China and Japan:Learning from Each Other"
ハーバード大学　名誉教授
エズラ・ヴォーゲル氏
Ezra Vogel／傅高義
AICHI UNIVERSITY

RSITY

AICHI UNIVE

展示期間
10/28～11/29
日本名列第1
Japan as No.1?
データベ
活用し

THE SOCIAL COST OF AUTOMOBILES AND ENVIRONMENT POLICIES IN ASIA:

A COMPARATIVE STUDY ON CHINA AND JAPAN

PROFESSOR CHUNLI LI
Fellow, Harvard Asia Center; Professor of Economics, Aichi University, Japan

Chair:

PROFESSOR EZRA VOGEL
Henry Ford II Professor of the Social Sciences, Emeritus

Discussants:

PROFESSOR ANDREW GORDON
Lee and Juliet Folger Fund Professor of History, Harvard University; Acting Director, Harvard-Yenching Institute

PROFESSOR MICHAEL MCELROY
Gilbert Butler Professor of Environmental Studies, Department of Earth and Planetary Sciences, Harvard University, and Harvard John A. Paulson School of Engineering and Applied Sciences; Chair, Harvard-China Project on Energy, Economy and Environment

MONDAY | MAY 6 | 2019 | 12:15 p.m.

**K262 BOWIE-VERNON, 2ND FLOOR,
CGIS KNAFEL, 1737 CAMBRIDGE ST., CAMBRIDGE**

VE RI TAS | HARVARD UNIVERSITY ASIA CENTER

Co-sponsored by the Fairbank Center for Chinese Studies, Harvard-China Project on Energy, Economy and Environment, Harvard-Yenching Institute, and the Reischauer Institute of Japanese Studies

HARVARD UNIVERSITY

EAST ASIAN RESEARCH CENTER

ARCHIBALD CARY COOLIDGE HALL

John K. Fairbank, *Director*
Albert M. Craig, *Associate Director*
Ezra F. Vogel, *Associate Director*

Room 301
1737 Cambridge Street
Cambridge,
Massachusetts 02138

April 27, 1971

President Richard M. Nixon
The White House
Washington, D.C.

Dear Mr. President:

I want to compliment you on your continued excellent responses to the current developments with mainland China. Your initiatives on the trade situation make it clear that you are willing to relax trade barriers. Your response to newspaper accounts of Vice-President Agnew's disagreement with policies shows that you and your administration are openly behind opening up more contact. Your willingness to meet with Chinese representatives shows your positive approach, and your willingness to let the Chinese decide whether they want to keep it on a people to people basis shows proper regard for their present public stance.

In my view the current Peking friendship offensive is timed to encourage the recognition of a single China, headed by Peking, in the United Nations and in other international bodies. It is an extremely delicate situation, for if the United States and other countries respond unfavorably the current thaw in relations may turn into a heightening of tensions that would keep American forces deeply involved in Asia for decades ahead, perhaps requiring the sacrifice of further thousands of American lives for conflicts that could be avoided. In view of past commitments the United States cannot support the expulsion of Taiwan from the United Nations, and because of this it may be impossible to reach a rapprochement with The People's Republic of China. If we are to have any hope of getting beyond this impasse, I think it essential: 1) to make it clear that the United States would not stand in the way of an agreement between Taiwan and Peking for unification of a single China under rule from Peking, 2) to use the term "dual representation" rather than "two Chinas," and 3) to be willing to accept gracefully a United Nations vote for an Albanian-type proposal that would give Peking the single seat of China even if we did not support it. If we were to do any less at this point, there is a serious danger that we can look forward to further hostilities between the United States and China once Chinese military capacities are further developed.

Sincerely,

Ezra F. Vogel
Ezra F. Vogel
Professor of Sociology

EFV:als

ヴォーゲル・レター（1）：ヴォーゲルがニクソン大統領に米中国交正常化を進言した書簡
（1971 年 4 月 27 日）

28174

8/

EXECUTIVE ①

CO34-2

THE WHITE HOUSE

WASHINGTON

May 12, 1971

Dear Ez:

The President asked me to express his appreciation for your kind letter of April 27. It was thoughtful of you to write.

Your comments and suggestions are most helpful, and I hope you will continue to pass them on to us. The issues will become even more complex as we go along.

I hope we can get together again soon.

Warm regards,

Henry A. Kissinger

x

Professor Ezra F. Vogel
Harvard University
East Asian Research Center
1737 Cambridge Street, Rm 301
Cambridge, Massachusetts 02138

Dispatched via Stripping Desk 5/12/71 (rb)

ヴォーゲル・レター（2）：キッシンジャーからヴォーゲルへの返信（1971年5月12日）

出典：エズラ・F・ヴォーゲル、加藤嘉一著『リバランス—米中衝突に日本はどう対するか』（イヤモンド社、2019年）p. 191より許可を得て転載。加藤嘉一氏より提供。原資料リチャード・ニクソン大統領図書館および博物館（Richard Nixon Presidential Libra and Museum）所蔵。日本語訳は本書pp. 116～122参照。

中日新聞
夕刊
発行所 中日新聞社
名古屋市中区三の丸一丁目6番1号
〒460-8511 電話 052(201)8811
2021年(令和3年)
1月22日(金)

エズラ・ヴォーゲル　ハーバード大名誉教授を悼む

李 春利

友情を基盤に日本研究

二〇二〇年末、米国から届いた突然の訃報に驚いた。ハーバード大名誉教授エズラ・ヴォーゲル先生が急逝されたのである。享年九十。先生は、米国における日本や中国などアジア研究の世界的権威であり、名著『ジャパン・アズ・ナンバーワン』や『現代中国の父 鄧小平』など、日本でも知られるベストセラーを数多く執筆された。

実は、その一カ月前、メールを交わしたばかりだった。ヴォーゲル先生には一九年十一月、名古屋市で開催した愛知大主催の「中国公開講座」で、講演をしていただいた。先生が著書『日中関係史』の日本語版の出版に合わせて来日され、実現できたものである。

司会を務めた私は、先生に、学生たちへ贈るメッセージを尋ねた。先生はこう答えた。「私の大学院時代の先生に言われたことで、私も自分の学生に伝えているのですが、社会学を勉強するために一番重要なのは、友人をつくることです。友人の立場を理解するために、努力や準備が必要になりますが、その分、さまざまなことが学べるわけです。友人が本質的なことを教えてくれるので、その社会を深く理解することにつながるのです」

くしくもこれは、先生の日本における最後の公式の講演会となった。実は、私は今、この講演録の出版作業を進めている。タイトルもその時のテーマのまま、『エズラ・ヴォーゲル講演録 永遠の隣人―日中の歴史から考えるアジアの未来』（編集・解説＝李春利、あるむ社刊）。愛知大学国際中国学研究センター（ICCS）ブックレットシリーズの第一号として、三月に出版することになっている。

先生の研究スタイルは、非常に日本になじみやすいものがある。それはつまり、現場・現物・現実、いわゆる「三現主義」を重視することである。先生は六十年以上にわたり、日本や中国などアジアの現場を歩き、当事者に対してインタビューを重ねてこられた。また、日本で講演や取材をする場合は日本語で、中国でする場合は中国語で行うというスタイルを貫き、外国語の研鑽を生涯にわたり怠ることはなかった。ベストセラーの連発は、そうした地道な現地調査の積み重ねの結晶でもあった。

私とヴォーゲル先生は、一九九六年に東京で開催された国際シンポジウムで初めて会った。私は、日本の高度経済成長の要因を日本特有の経済・社会制度などから分析した『ジャパン・アズ・ナンバーワン』を読んで日本に興味を持ち、その後、日本留学を経て、愛知大で教鞭を執るようになった。二〇〇四年と一八年からのそれぞれ一年間、私がハーバード大で研究したことで縁が深まり、私の講演会では司会役を務めていただいた。ご自宅に招かれ討論したこともある。

先生は、さまざまな国や年齢層の人々と友達になれる特別な資質をお持ちであった。特に、外国の友人との長い交流を通じて、その国や社会の変化を観察しつづけ、その本質的なものを理解しようとされた姿勢は特筆すべきである。

愛知大の講演では、学生へのメッセージを話した後、自身の来し方を振り返った。「現在でも良かったと思っているのは、若いときに日本の友達を多くつくったことです。彼らとは今でも交流しており、明日会う友人は一九五九年来の友達です。友人を通して、楽しみながら理解を深めることができるので、その国を理解するには友人以上に良いものはないと思います」

心よりご冥福をお祈りいたします。合掌。（り・しゅんり＝愛知大学国際中国学研究センター所長、経済学部教授）

＊エズラ・ヴォーゲル（Ezra Vogel）さんは、２０２０年12月20日死去。

エズラ・ヴォーゲルさん㊧と筆者＝2019年11月、名古屋市の愛知大で

米国の中国語サイト「海外看世界」内に、ヴォーゲルさんの講演動画があります。

李春利「エズラ・ヴォーゲル　ハーバード大学名誉教授を悼む」
（『中日新聞』2021年1月22日夕刊文化5面掲載。中日新聞社の許可を得て転載）

愛知大学中国公開講座⑳　2019 特別編
「エズラ・F・ヴォーゲル先生を囲むランチ交流会」

日時　2019 年 11 月 23 日(土・祝)　11 時 00 分～ 12 時 00 分(開演 12 時 20 分)
場所　愛知大学名古屋キャンパス本館 20 階　スカイラウンジ

出席者

【講師】

ハーバード大学名誉教授　エズラ・F・ヴォーゲル（Ezra F. Vogel ／傅高義）

【ゲスト】

衆議院議員・日中友好議員連盟幹事長　近藤昭一
元愛知県知事　神田真秋　　日中協会理事長・元愛知大学教授　服部健治
中日新聞社編集局長　鈴木孝昌
浙江大学社会科学学部長・愛知大学 ICCS 訪問教授　呉 暁 波
亜州通信社社長　徐 静 波　　亜州通信社　張 夢 雅
元ミシガン大学上級ライブラリアン　仁木賢司　　ZTE 顧問　神野克彦
元愛知県庁　田中民雄　　中部大学准教授　大澤　肇
一般社団法人東海日中貿易センター相談役　原田泰浩
愛知大学教育研究支援財団理事長　加藤満憲
愛知大学前理事長・学長、経済学部教授　佐藤元彦
愛知大学名誉教授　藤田佳久　　愛知大学名誉教授　馬場　毅
愛知大学中日大辞典編纂所所長・現代中国学部教授　安部　悟
愛知大学理事・評議員　酒井強次　　愛知大学元事務職員　成瀬さよ子

【主催】

愛知大学理事長・学長　川井伸一　　愛知大学常務理事・副学長　小林慎哉
愛知大学常務理事・副学長　中尾　浩

【司会】

愛知大学経済学部教授・国際中国学研究センター（ICCS）運営委員　李 春 利

【ICCS 関係者】

愛知大学経営学部教授・ICCS 運営委員　田中英式
愛知大学現代中国学部教授・ICCS 運営委員　唐 燕 霞
愛知大学現代中国学部教授・ICCS 運営委員　金　　湛

（敬称略）

ハーバード大学名誉教授 エズラ・F・ヴォーゲル講演会収録動画

YouTube リンク：https://youtube.com/N1kygn7lOql&t

【録画情報】

中部経済同友会特別後援　愛知大学中国公開講座⑳〈2019 特別編〉
「永遠の隣人：日中の歴史から考えるアジアの未来」
講師　ハーバード大学名誉教授　エズラ・F・ヴォーゲル氏

多数の皆さまのご要望にお応えし、「愛知大学中国公開講座⑳〈2019 特別編〉永遠の隣人：日中の歴史から考えるアジアの未来」を公開します。

講演は日中関係の歴史的背景を探ることから始まり、近年加熱する米中貿易戦争に至る大局的な視点で展開されました。愛知大学学生に向けたメッセージ「友だち」も収録されていますので、ぜひご覧ください。

00：00：35　『日中関係史』執筆の背景
00：07：50　日中交流、三つの時代
00：12：52　その一・600 年からの遣隋使
00：22：58　その二・日清戦争終結後
00：32：02　その三・改革開放前後
00：39：11　2010 年が転換期
00：42：53　『ジャパン・アズ・ナンバーワン』?
00：44：58　米中関係と貿易戦争
00：50：10　「競争相手が敵になる必要はない」
00：54：53　愛知大学学生へのメッセージ「友だち」

日　　時　2019 年 11 月 23 日（土・祝）12 時 20 分～ 13 時 50 分
会　　場　愛知大学名古屋キャンパス　グローバルコンベンションホール
聴講者数　約 1,000 名（学内遠隔システムによる教室聴講を含む）
主　　催　愛知大学
主　　管　愛知大学国際中国学研究センター（ICCS）https://iccs.aichi-u.ac.jp/
特別後援　中部経済同友会
後　　援　東海日中貿易センター／名古屋市教育委員会／愛知県日本中国友好協会／愛知大学教育研究支援財団
協　　力　日本経済新聞出版社

目　次

第3部　資料編

まえがき

愛知大学理事長・学長　**川井　伸一**

この度、愛知大学国際中国学研究センター（ICCS）から特別記念出版として2019年11月23日に愛知大学名古屋キャンパスにおいて開催されたハーバード大学名誉教授エズラ・ヴォーゲル先生の講演会の記録が刊行されたことはたいへん意義深いことと思います。エズラ・ヴォーゲル先生は日本社会、中国社会に関する多くの優れた業績を出されており、『ジャパン・アズ・ナンバーワン』(1979年)、『現代中国の父　鄧小平』(2013年）等の作品はよく知られています。

本講演は先生の新刊書『日中関係史』(2019年）を踏まえて、7世紀から21世紀の現在に至るきわめて長い歴史的視野から日本と中国の関係を論じています。『日中関係史』では、日中関係においては戦争の時代とともに一方の国が他方の国から積極的に学ぼうとした時代が非常に重要であるとの観点から三つの時期に焦点を当てています。すなわち、600年から838年までの遣隋使・遣唐使を通して日本が中国から学んだ時期、日清戦争後の1895年から日中戦争が始まった1937年までの中国が日本に学んだ時期、そして「改革開放」が始まった1978年から1990年代にかけて中国が日本に学んだ時期です。本講演では、同時に、両国の関係においてどちらが支配的地位にあるかという上下の関係で示すと、7世紀から19世紀の日清戦争までは中国が上で日本が下でした。日清戦争後から立場が逆転し日本が中国よ

ヴォーゲル先生と川井学長

り上となって、20世紀においてその関係は継続しました。しかし、2010年頃を境にその関係は逆転し、中国が日本より上に立ったと述べています。それは経済面（GDP）で中国が日本を上回ったことを主な根拠としていますが、中国人の意識においても同様に見られるようになったといいます。本講演では、このような新たな時代に入った日中関係において、互いに歴史に学ぶとともに客観的な理解を図ることがきわめて大切であることを説いています。これからの日中関係や東アジアの未来の行方を考えるうえで貴重な示唆を与えるものと思います。本書が多くの方々に読まれることを期待します。

〔**追記**〕 2020年12月20日にエズラ・ヴォーゲル先生が90歳で逝去されました。突然の訃報に接して大変驚きました。というのも、一年前に先生がきわめてお忙しい日程のなかで愛知大学に来訪され、親しく懇談、講演をされた時に、ご高齢ながらもお元気で研究意欲の旺盛なお姿に強い印象を受けていたからです。先生の本学でのご講演がきわめて好評であったことに改めて感謝しています。また、本学でのご講演が日本における先生の最後の講演となったと聞いて感慨深いものがあります。心より先生のご冥福をお祈りいたします。

第 1 部

講演と解説

エズラ・ヴォーゲル講演録

永遠の隣人：日中の歴史から考えるアジアの未来

"China and Japan: Learning from Each Other"

学長による歓迎の挨拶

川井伸一（愛知大学理事長・学長） ご来場の皆様、今日は大変お忙しいところ足をお運びいただき、誠にありがとうございます。今日は愛知大学にとって一つ記念すべき日なのではないかと思います。ご案内のとおり、ハーバード大学名誉教授でいらっしゃいますエズラ・ヴォーゲル先生に名古屋校舎にお越しいただき、テーマのようなご講演をいただくということは、私にとっても大変名誉なことでありますし、感激しております。

伺いますとヴォーゲル先生は、一週間ほど前に香港から福岡に入られ、それから大分に移動され、そして大阪、京都、東京、さらに名古屋と、このご講演が終わってからまたすぐ東京にお戻りになるというスケジュールになっているそうです。大変お忙しい中で、愛知大学名古屋校舎においてご講演をいただくことを大変光栄に思っております。

エズラ・ヴォーゲル先生は、皆さんにご案内のとおり大変ご高名な方でございます。詳しく私から申し上げることはございませんが、私も中国関連の研究をしております関係上、思い出しますと個人的な体験で恐縮ですけれど、1970 年代半ば頃、今からかなり前、40 年以上前の話でしょうか。私が大学院に在籍中、実は授業の中でエズラ・ヴォーゲル先生のご著書を読み、コメントをしあうというような機会を持ったことを懐かしく思っております。その時のご著書のタイトルは *Canton Under Communism: Programs and Politics in a Provincial Capital, 1949–1968* という1969年に出版された英語版でした。Cantonというのは広東省の省都である広州のことです。この本は、中華人民共和国が成立した1949年から1968年までの広州の歴史的な変遷を多様な視点から詳細に分析、検討したもので、当時、私としては現代中国の地域研究の業績としてきわめて新鮮な印象を持ったことを記憶しております。

これについては以上にしますが、やはり中国問題と日本問題、さらには日中関係を含む東アジアの問題を研究する場合に、ヴォーゲル先生は、研究対象の中国と日本のそれぞれの言葉をマスターされていることを前提にして、中国と日本の社会をそれぞれ深く理解されているという意味でアメリカにおいても数少ない中国研究者、日本研究者のお一人ではないかと思っております。社会学が基本的な方法論ではございますけれども、それだけに先生は現地に足を踏み込んで観察されて、かつたくさんの関係者から直接インタビューをとられるという研究姿勢は、もうこの40年以上ずっと一貫しているのではないかと感銘を受けております。

今日の先生のご講演が、おそらく示唆に富む貴重なものと推察いたしますが、皆様にとりましても意義深い機会となりますことを期待しまして、私の挨拶とさせていただきます。どうもありがとうございます。

エズラ・ヴォーゲル先生の紹介

李春利　愛知大学経済学部および愛知大学国際中国学研究センター運営委員の李春利と申します。今日は勤労感謝の日にもかかわらず、大勢の方にお集まりいただきまして、誠にありがとうございます。また、今日は分会場にも約400名の学生がこの講演を聴いております。早速ですが、エズラ・ヴォーゲル先生にご登壇いただきたいと思います。皆さん、拍手をもってお迎えください。（拍手）

エズラ・F・ヴォーゲル　こんにちは。

李　まず、ヴォーゲル先生の略歴とご研究の成果を簡単に紹介させていただきます。先生はオハイオ州デラウェアのご出身で、地元の大学を卒業した後、1958年にハーバード大学大学院で社会学の博士号を取得されました。その後、エール大学助教授、ハーバード大学講師を経て、1967年にハーバード大学で社会学をご専門とする教授になられました。また、1972～77年には東アジア研究センター所長、東アジア研究評議会議長、1980～88年には日米関係プログラム所長、さ

らに 1995 〜 99 年にはフェアバンク東アジア研究センター所長を歴任されました。

さきほど川井学長からご紹介がありましたように、1969 年に *Canton Under Communism* を、その 10 年後には、日本でベストセラーとなった有名な『ジャパン・アズ・ナンバーワン』を出版されました。私事で大変恐縮ではございますが、実は私もその『ジャパン・アズ・ナンバーワン』を拝読して日本に興味を持つようになり、日本への留学を決心しました。そして日本留学を経て、愛知大学にお世話になるようになり、現在に至っております。その『ジャパン・アズ・ナンバーワン』が出版されてから今年でちょうど 40 周年。この記念すべき年にヴォーゲル先生を本学にお迎えできたことは、私にとっては感無量なものがございます。

また、皆さんご存じのように、2013 年に出版されたヴォーゲル先生の著書『現代中国の父　鄧小平』は、中国・台湾・香港を含めた中華圏ですでに 100 万冊を超える大ベストセラーになっております。後ほど先生からお話を伺えるかと思いますが、先生は今年、英語版では 500 頁もある *China and Japan: Facing History* をハーバード大学出版会から出版され、今年 12 月には 650 頁におよぶ日本語版『日中関係史：1500 年の交流から読むアジアの未来』が日本経済新聞出版社より出版されます。この本には、近衛篤麿のアジア外交に対する考え方や東亜同文書院、そして愛知大学のことも書かれております。とりわけ、東亜同文書院の流れをくむ愛知大学にとっては、非常に意義深いものであり、わたしたちは本書の出版を待ち望んでおります。

また、今年 7 月に出版された『リバランス』（ダイヤモンド社）は、私も拝読しましたが、先生の日本に対する思いや多様な知見が大変分かりやすくまとめられております。

最後に、私個人とヴォーゲル先生との出会いについて。実は私は、今から15年前の2004～2005年までの1年間、招聘研究員（visiting scholar）としてハーバード大学に滞在しておりました。滞在中、ヴォーゲル先生主催のセミナーやイベントなどに参加して、直接先生のお話をお聴きしました。

愛知大学には国際中国学研究センター（ICCS: International Center for Chinese Studies）という研究機関がございます。この研究センターは、2002年に文部科学省21世紀COEプログラム（Center of Excellence Program）の助成を受けて発足したもので、私は当時アメリカでの事業推進を担当しておりました。2003年には2度ほどアメリカを訪問して、カリフォルニア大学バークレー校やロサンゼルス校(UCLA)、ハワイ大学、ハーバード、プリンストン、スタンフォードなど9つの主要な大学を訪ねて研究交流を行ってきました。その後、縁もありハーバード大学で1年間研究をさせていただきました。

さらに、2018年8月から2019年7月までの1年間、再びハーバード大学で上級研究員（fellow）として研究する機会がありました。滞在期間中は、ヴォーゲル先生主催のウィークリーセミナーに参加しておりました。これは毎週行われるセミナーであり、今年で7年目となり、昨年だけでも26本もの中国にフォーカスしたセミナーが行われていました。ヴォーゲル先生は、このように精力的な研究活動を展開されている現役バリバリの研究者です。そのお姿に、私は深い感銘を受けております。後ほどフロアの皆様とQ＆Aの時間を設けますので、先生を本学にお迎えできた喜びを分かち合いたいと思います。

それでは、エズラ・ヴォーゲル先生にバトンタッチいたします。(拍手)

『日中関係史』執筆の背景

ヴォーゲル　ただいまご紹介をいただきましたヴォーゲルでございます。川井学長のお言葉、そして、李教授から過分な紹介をいただきまして、大変恐縮でございます。

最近の7年間、私は日本と中国の歴史を勉強しております。その中には、愛知大学と戦前の東亜同文書院という興味深い関係もありました。愛知大学は、戦後の日本と中国の関係において非常に重要な役割を担ってきたことから、本書『日中関係史』が出版される際には、や

はり愛知大学を訪ねたいと思っていました。というのも、日本全国で中国をテーマとした学部、つまり、現代中国学部を有するのは愛知大学しかなく、日本と中国の関係に大変密接であることから、是非とも私はここへ来たかったのです。さきほど先生方と昼食をご一緒してお話を聞いていると、やはり私は発表するよりも学生になりたいという気持ちになりました。私は教える側ではなく、勉強する側だと常に思っています。

さきほど李教授がおっしゃったように、鄧小平（Dèng Xiǎopíng）に関する私の本は 2013 年に日本語版が出版されました。2011 年に出版した英語版は、12 年間の研究成果であり、2010 年ごろ書き終えたものです。当時私は、将来的には何をすべきか、どういう本を書くべきなのかについて考えていました。妻からは、「もう老人だから、少し休んだほうがいいじゃないか。もう新しい本を書く必要はないですよ。」と言われました。しかし、私には中国人の友人も日本人の友人もたくさんおりましたので、是非とも執筆したかったのです。

私は 1958 年に初めて日本に来てから、少なくとも毎年 1 ～ 2 回は日本を訪問して、たくさんの友人に恵まれました。一方、最初に中国に渡ったのは 1973 年でした。1980 年には 2 カ月ぐらい滞在しました。それ以来、毎年のように中国を訪問して、多くの中国の友人にも恵まれたため、日本と中国は一緒に成功してほしいと願っています。ただ 2010 年、その両国は第二次世界大戦以来最悪の関係になってしまったので、私は、両国はもう少し良好な関係を築き上げてもらいたいと考えていました。

当時、私は特別な立場にあったと思うのです。それは、日本ではベストセラー『ジャパン・アズ・ナンバーワン』を、中国でもベストセラー『鄧小平時代』（中国語版）を出版していたことです。そのため、両国との関係が多少なりともあったのです。中国人が本を書けば日本人はその信憑性を疑い、日本人が書けば中国人はその信憑性を疑う。そこで、私の役割は両方の友人という立場で、できるだけ客観的かつ公平に、中国と日本両方の見方を説明することだと考えていました。

中国語には「傍観者清」(páng guān zhě qīng) という言葉があります。外から観る者のほうが、客観的な立場が取れるという意味です。傍観者である私ならば、客観的に書けるのではと考えたのです。私は学者であり、政治という大きなことを決める立場にはありませんが、学者が客観的な本を書けば、指導者の誰か一人でも読む可能性があり、将来的に少しでも良い日中関係を構築できるのではないかと考えたのです。

この『日中関係史』を書き終えた現在では、7年前の日中関係よりも米中関係のほうが悪化しています。もし今執筆するのであれば、おそらく米中関係について書くべきでしょう。しかし、本書を執筆するために2010年から勉強を始めましたので。

先ほどの紹介にもありましたように、私は現代社会の専門家です。社会学といっても雑学という面もあり、経済と政治、国際関係、現代

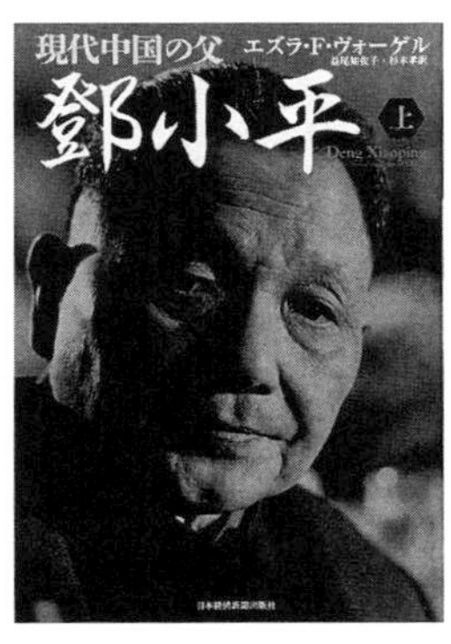

社会などすべてを勉強したかったのです。

私は1980年代に何度も名古屋に来る機会がありました。当時、私の研究テーマは「産業」でした。工作機械の歴史を勉強するために、トヨタの工作機械工場（豊田工機、現ジェイテクト）や山崎鉄工（現ヤマザキマザック）、大隈鉄工（現オークマ）など、愛知県のあらゆる工作機械工場を訪ねて回り、大変充実した日々でした。

ですから、名古屋城にも何度か行きました。若いときには、名古屋城の周りをジョギングしましたが、今では歩ければ良いほうです。実際にはクルマに乗って眺めるぐらいですが、それでも名古屋の思い出が時々蘇ります。

日中交流、三つの時代

中国側からよく言われるのは、日本人は歴史を十分に勉強していないので、良い関係を作ることができないということです。そのため、私が日中両国に関連する本を書くならば、やはり歴史を勉強すべきだ

と考えました。両国の歴史を勉強する以前の私は、歴史学を専門的に学んだことはありませんでした。そこで、7年もの歳月を使って歴史を勉強して、ようやく本書を書き上げることができました。私は、古典中国語で書かれた史料を読むことができませんので、他の研究者が書いたあらゆる本に基づいて勉強しました。本来であれば、執筆前に愛知県の図書館や愛知大学の図書館に来るべきであり、今日いただいた本も読んで、その知識を記すべきでしたが、残念ながら書き終えてしまいました。

この本を執筆するために読んだ本から得た知識によって、日本と中国が関係を有する歴史はおよそ600年から現在までと考えました。600年以前にも日本と中国の関係はありましたが、記録史料はほとんどありません。また、両国が良好な関係を築き上げたのは、およそ600年からと感じられたのです。

今日は、本書『日中関係史』全体のことをお話しすることはできませんが、そのなかでも、戦争と共に相互に学んだ時代が非常に大切だと私は考えています。例えば、660～663年には朝鮮半島で、日本が百済を支援するために中国の軍隊と戦ったこともありました。また、12世紀後半のモンゴル時代には、モンゴル軍が九州博多付近を攻撃しようとしました。さらに、豊臣秀吉は全世界を牛耳るという考えによって、北京を目指して朝鮮半島に軍隊を送りました。中国は朝鮮を支援するために、日本と戦ったわけです。それからもちろん、日清戦争と第二次世界大戦もあります。

それらはヨーロッパよりも小規模な戦争でしたが、そういうこともあって、日中両国の間では相互に学んだ時代が3度ありました。その歴史について、もう少し詳しくお話ししたいと思います。

三つの時代というのは、一つ目は600～838年に遣隋使や遣唐使を派遣して学んだこと。二つ目は日清戦争後に、中国の学生が日本へ来て第二次世界大戦までの時期に学んだこと。三つ目の時期は、鄧小平が 1978 年 10 月に日本を訪問した後、12 月に開催された中国共産党第十一期三中全会によって改革開放政策が始まってからのおよそ十数年間、中国人は日本からあらゆることを学びました。以下、この三つの時代についてお話しします。

その一・600 年からの遣隋使

第一回目は、600 年代でした。593 年に推古天皇が指導者になり、彼女が考えたことは、氏族の時代から国家のようなもう少し幅広い行政組織を作ることでした。彼女が天皇になったころは、日本の人口はまだそれほど多くはなく、30 ぐらいの氏族が互いに勢力を争っていました。その中でも、蘇我氏の勢力が一番大きいものでした。推古天皇は、氏族制を超えた新しい行政組織を作ることで、国家の形を作りあげることを考えたのです。そこで、600 年に 4 隻の船に乗った日本人が中国に渡って、長安まで徒歩で辿り着いたのです。

長安は当時、全世界で一番大きい都市で、一説によると 100 万人規模の巨大な都市だったともいわれています。行政などのあらゆる面が発達していて、日本人は長安から多くのことを学びたかったのです。

まずは文字について。それより以前は、日本人同士で話すことはできましたが、文字を書く文化が広まっていなかった。そこで最初の遣隋使の船が渡ってから、838 年に最後の遣唐使の船が中国に渡るまでの 238 年の間に、文字を扱う文化がずいぶんと広まりました。もちろん、使い方は様々でしたが、日本語を文章として書けるようになったことが最も重要でした。

例えば、規則を作るためには口頭だけでは意味がなく、正確に書き留めることが必要でした。そのため文章として残す技術が必要だったのです。大化改新などの政治改革において、税金の徴収や使用、徴兵には規則が必要だったのです。そこで、中国の律令を学びました。日本は平均して15年または20年おきに使節を派遣し、238年の間に遣隋使・遣唐使を併せると約20回ほどの使節が長安を訪問しました。

一度派遣された日本人は、次の使節が来るまで長安に滞在して、文字や律令などを学びました。遣隋使派遣当初の日本は、氏族がその支配地域を基盤とした運営を行っていましたが、国家を形成して長安に倣った国の都を造る願望を持つようになりました。

そこで、まず奈良に都を造りました。その形態は長安にそっくりでした。奈良時代が終わり、もっと大きな都を造るため、京都に都を造ります。その形態もまた、長安から学んだものでした。今でも京都は一条、二条、三条……十条とありますが、それは長安を模倣したものです。長安の北部には、皇帝が居る宮殿があり、京都の街も同じように造られました。そのため、支配者（天皇）は都市の北部に住んでいて、そこから命令を出していました。

次に、思想について。つまり、支配の正当性に関連することです。中国の場合には天も支配者と関係があり、天皇（ティエンファン）による支配は「正しい」という思想があります。その源流は、インドから伝わってきた仏教でした。中国には仏教が広がり、当時の中国の支配者は、天を「認める」とか「支持する」とか「正しい」とか、そういう意味で仏教を利用していました。日本もそういうことを学び、天皇（ティエンファン）という文字は「天」の字が使われ、日本の天皇も「天」との関係があるという意味が付与されるようになりました。

また、一般の人間が支配者を支持する哲学が必要になってきました。

それを担ったのは儒教でした。儒教は、兄弟においては年上の兄に従い、また人々は天皇に従うことを強調する哲学でした。そういう儒教も日本人は学んだのです。

さらに、中国の王朝時代には、それぞれの王朝が政権継承の正統性を示すために史書を作成していました。日本もそれに倣って、『古事記』や『日本書紀』を作成し、神武天皇の時代から続く正統性を示しました。

そのほかに、建築技術も中国から学びました。伊勢神宮は、天武天皇の時代から20年ごとにいわゆる「式年遷宮（しきねんせんぐう）」のルールが決められていました。また、京都などに残る寺院も、中国の建築技術を学んだものです。音楽についても中国から学んだものでした。

言いかえれば、600～838年の間にごく少数の日本人が中国に渡って、中国の文化を学んで取り入れたので、中国と日本の文化は似ているのです。もちろん、異なる面もありますが、西洋人から観れば日本の文化は中国から強く影響を受けていると感じられるのです。

その二・日清戦争終結後

第二回目は、時代は大きく下りますが、日清戦争の終結後です。今度は中国が日本から学ぶことになりました。もちろん、それより以前から貿易などの相互交流によって、文化面の学習や農業技術面の学習は続いていましたが、中国が積極的に日本から学ぶという姿勢はありませんでした。やはり日清戦争が影響して、中国は日本から学ぶことを指向したのです。それまでの中国による日本観は、小国で、学ぶべきことが少ないというものでした。

日清戦争以前の1877年には、西洋式の外交関係を取り入れて、清国から派遣された駐日公使団は東京に、日本の外交官は北京に駐在しました。東京に駐在していた公使の1人に黄遵憲（こうじゅんけん）（Huáng Zūnxiàn）という人がいました。黄遵憲は、日本のことを良く学習して熟知していました。黄が1880年代に編纂した『日本国志』は、当時としては他の中国人による書物よりも日本について一番詳しく記されていました。しかし、中国ではあまり興味を持たれず、出版には至りませんでした。

ところが、日清戦争の後に状況は変わりました。それまでちっぽけな小国と思っていた日本に負けたことは、中国人にとって大きな衝撃でした。中国人は日清戦争にも勝てると思って、日本にあまり関心を持っていなかったのです。敗戦後、黄遵憲『日本国志』に注目が集まり、やっと中国で出版されたのです。

その影響は大きく、日清戦争で敗戦を経験したにもかかわらず、中国ではすぐに日本へ留学して学びたい学生が増えました。清朝末期で科挙が1905年に停止されたことも影響しました。新しい時代にどのようなことを学ぶべきか、様々な選択肢があったのです。先にお話しした、遣隋使・遣唐使の時代に中国へ渡航して学んだ日本人はおそらく数千人規模だったと考えられます。現在、中国から来日する人々の数は1日平均して2万5,000人ほどです。遣隋使・遣唐使の時代に渡航した人々の数はそれほど多くないことがわかります。今日では、わずか1日に来日する中国人の数の方が、遣隋使・遣唐使が派遣されていた238年間に日本人が長安を訪ねた数よりも多いのです。

日清戦争後の中国人は、科学や産業を欧米から習った日本と同じように近代化を目指しました。そこで、中国人はどこで学ぶかというと、ヨーロッパへ行けば多額な費用が必要となること、日本が漢字を使っているので学習に便利であること、さらに欧米の重要な書物の多くが日本語に翻訳されていたことを理由として、日本で学ぶことがもっとも有利だと考えられました。

そうして、1895 年から 1931 年まで、あるいは第二次世界大戦勃発まで、中国人は軍事を含めて日本のあらゆる面を学習しました。例えば、孫文や康有為（Kāng Yǒuwéi）、梁啓超（Liáng Qǐchāo）といった先覚者は、政治家や指導者としての知識を日本に学んだのです。もちろん、軍事についても十分に学びました。例えば、蔣介石（Jiǎng Jièshí）は日本の士官学校予備校で軍事を学びましたし、1930 年代の国民党軍のリーダーたちは、ほぼ半数が日本留学を経験していました。一方、周恩来（Zhōu Ēnlái）など共産党の人間も、やはり日本に留学していました。

孫文と山田純三郎
（1911 年 12 月、愛知大学所蔵）

学者によって異なりますが、日露戦争の時期に日本に留学していた中国人は、1 万あるいは 2 万人にも及んだという説もあります。全世界を見渡しても、当時これほど大規模に一つの国の学生が別の国に留学したことはありません。

中国人が日本で学んだ内容は、軍事や医学など様々な分野に及びました。魯迅（Lǔ Xùn）と郭沫若（Guō Mòruò）が日本に留学した理由は医学を学ぶことでしたが、あらゆることを学んで、皆さんご存じのように魯迅は文学者になりました。1920 年代の中国には現代文学という言葉がありました。その現代文学を牽引していた者のほとんどは、

蔣介石と日本記者団
中央が蔣介石、その斜め後ろが山田純三郎。上海にて（1927 年）。

蔣介石・宋美齢夫妻
山田純三郎夫妻に贈られた結婚記念写真。宋美齢は孫文夫人・宋慶齢の妹である。
（愛知大学所蔵）

日本への留学経験がありました。魯迅をはじめその弟である周作人（Zhōu Zuòrén）、また郭沫若や郁達夫（Yù Dáfū）など、後に著名な文化人となる様々な中国人が日本に留学していました。科学や工学、政治や社会組織に関することなど、あらゆる分野を日本から学ぶ中国人が非常に多かったのです。

その三・改革開放前後

第三回目は、1978 年から 1990 年代にかけて中国人が日本から学んだ時期です。

鄧小平が 1978 年 10 月に来日した際に、東京から新幹線に乗って名古屋を通過して京都、大阪まで移動しました。彼は、新幹線の速さに驚きました。現在では、皆さんご存じのように、中国における高速鉄道の総延長は非常に長く、全世界の半分ぐらいを占めています。お恥ずかしいことに、アメリカにはまだ高速鉄道がなく、鉄道輸送も遅れています。

鄧小平は日本訪問の際に、日本の産業について学ぶ姿勢を見せていました。彼は当時、日本の3つの工場を訪ねました。鄧小平は新日鉄会長の稲山嘉寛（いなやまよしひろ）さんとの関係によって、良い日中関係を構築していくことを望み、東京湾岸にある新日鉄の君津（きみつ）製鉄所を訪問しました。皆さんもご存じのように、それは中国の宝山製鉄所のモデルになっています。

その当時の中国では、毎年3,000万トン程度の粗鋼を生産していました。一方、当時の君津製鉄所の年間生産量は、中国全体で生産される粗鋼の3割程度でした。つまり、日本の1つの工場が中国全体の粗鋼生産量のおよそ3割を生産していたのです。そのため、宝山製鉄所は日本の製鉄技術を学び、中国の鉄鋼産業を現代の鉄鋼産業へと成長させたのです。

また、自動車については、鄧小平は、当時すでにロボットが導入されていた日産の座間（ざま）工場を訪問しました。鄧小平はその工場で、1人の労働者が毎年平均して何台の自動車を生産しているのかと質問しました。その答えは、およそ93台から94台でした。当時の中国では、1人の労働者が年平均1台の自動車を生産していました。日本の自動車産業の発展ぶりを前にして、中国にはなかった自動車の自動組み立てラインなどの導入を考えました。

さらに、鄧小平は大阪では松下電器（現パナソニック）の工場を訪問しました。当時はコンピューターや現代の電子機器はありませんでしたが、テレビをはじめとした多くの電化製品を生産する日本に学ぼうとしたのです。創立者の松下幸之助（まつしたこうのすけ）さんは、若いときに中国大陸に行ったことがあるので、中国に大変興味を持っていました。彼はのちに中国各地で多くの生産工場を造って、中国の産業発展に大きく貢献しました。客観的にいえば、日本の中国に対する支援は、アメリカなど他の国よりも遥かに大きいものでした。

1980年代に私が中国の広東省にある工場を見学して感じたのは、日本式の品質管理を学んだ痕跡が数多く残っていたことでした。それは、中国が新しい産業を建設するにあたって、以上のような背景に基づいて、日本から多くのことを学んだことを示しているのです。

1990年代については、92年の天皇陛下による西安（かつての長安）訪問などもあり、93年まで中国はずっと日本に学ぶ姿勢をとってきたと思います。天安門事件の影響から1989年から93年までは、中国の経済発展の速度は鈍いものでしたが、93年からは毎年13％ほどの高い経済成長率が続きました。そのため当時の中国は、その経済力はいつか日本を超えるだろうと考えていたのです。

鄧小平と松下幸之助
（パナソニック㈱提供）

2010年が転換点

以上を簡単にいえば、およそ600年から日清戦争までは、上下の関係で示すと、中国が上で日本は下でした。日清戦争後は、日本が上となる。ですから、1990年代の両国関係を上下で表現すれば、日本のほうが立場は上でした。では、それはいつまで続いていたのか。私は、およそ2010年ごろまでだったと考えています。

なぜ、2010年を境に変化したと考えるのか。当時、世間では中国のGDPが日本を追い越したと言われていました。2008年から2010年までの両国関係は非常に悪くなり、日清戦争や第二次世界大戦以来といってもいいぐらいです。その期間中に、中国は日本を追い越したという気持ちを持っていたのです。

ご存じのように、2008年はリーマンショックがあり、西側諸国の経済運営の仕方に対する不信感が芽生えました。さらに、同年の北京オリンピックの成功経験は、中国に大きな自信を与えました。また尖閣諸島（中国名:釣魚島）をめぐって、2010年には漁船衝突の問題や、2012年には日本政府による国有化の問題が起きました。この問題に対する中国の反応は大変に強烈なものでした。

この問題については、私から見ると、当時の中国人には、GDPでも日本を追い越して日本の上に立つようになったので、日本は下の立場にあるという気持ちがあったと思います。つまり私は、2012年あたりから中国人には、かつての歴史のように中国が日本よりも上の立場になったという意識を持つようになったと考えています。

『ジャパン・アズ・ナンバーワン』？

日中両国を研究対象としてきた私の個人的な見解から、双方の社会構造について述べると、日本社会のほうが安定していると思います。日本は中国社会よりも安定していて、街がきれいで習慣も良く、義務教育の水準も相当高い。また、所得格差や社会的な側面でも、全体として日本は中国より安定的で発達しているのです。

私がハーバードにいるときに、日本人と中国人がよく自宅を訪ねてきます。そういうときに、新聞記者はよく私に次のような質問をします。要するに、ヴォーゲルさんは『ジャパン・アズ・ナンバーワン』という本を書きましたが、どうしていま間違っているのか、どうして本の内容のようになっていないのかと。それに対して私は、日本は経済の面ではあまり成長していないが、社会の面では十分に成熟していると答えています。

例えば、医療制度が非常に発達していて長寿の国であること、義務教育の水準が全国的に高く、読み書きは誰でもできること。また、犯罪が少なく住みやすいことなどの点において、日本は社会の多くの面

で中国よりも上であり、あるいは世界一といえるかもしれません。私は社会学が専門なので、少なくとも日本の社会は、非常に成功しているということができると思います。

米中関係と貿易戦争

今回の本『日中関係史』では、日中関係を取り上げていて、アメリカと中国の関係についてはあまり触れませんでした。ここで米中関係について説明すると、また1時間ぐらいかかるかもしれませんので、簡単にお話ししたいと思います。私から見れば､第二次世界大戦以降、世界的に見てもアメリカは大きな成功を収めたと思います。戦争参加国のどの国よりも、アメリカの損害は少なかったのです。そして、私たちアメリカの経済力は他の国よりも良好でした。また、アメリカの産業も優れており、様々な製品を世界中に輸出していました。

戦後、日本を含めた世界中の国々がアメリカの産業を見習っていました。すると今度は、低賃金の労働者と新しい産業を結び付けて生産された製品をアメリカに輸出するようになり、私たちアメリカ人が購入する立場になったのです。日本の賃金が高くなると、台湾・韓国・香港・シンガポールで造られた製品が入ってきました。このいわゆる「アジアの4つのドラゴン」(Four Asian Dragons) の賃金が高くなると、今度は中国の出番となりました。現在、中国によるアメリカへの輸出製品は非常に多いのです。そこで、トランプ氏はいわゆる貿易戦争を行っているのです。これらのことは、アメリカの産業政策や経済的基盤と密接に関連しています。

また最近、中国の経済成長は減速していますが、遅かれ早かれ中国の GDP はアメリカを追い越すでしょう。貿易についても、アメリカや世界の他の国よりも、中国の貿易規模のほうが大きいのです。さらに、軍事力も増強している。9・11（世界同時多発テロ事件）以降、アメリカは危機感が強くなり、今度は中国という共産主義の国とどう向き合うのか、尖閣問題や軍艦の建造、様々な島で軍事基地を建設するなど、その目的について非常に心配しているわけです。

アメリカ人から見ると、中国共産党は人権を守らず人々の考えを抑制したりして、軍事力を強化して海外に基地をどんどん建設し、新しい戦闘機や軍艦などを数多く造っているので、その将来的な動向を心配しているのです。また、アメリカ政府の中で中国をバッシングする人物がずいぶん増えています。

私たちのようなインテリ層の人間は、いまのアメリカ大統領をそれほど尊敬していません。インテリ層からすると、独立戦争から現在に至る大統領で一番悪いのは誰かというと、おそらく皆が同感でしょう。第二次世界大戦以降のアメリカは、世界の他の国々と良好な関係を築きあげて、全世界のための良い枠組みを作ることに力を注いできました。しかし、現在の政権は、TPPなどの枠組みから手を引いて、アメリカファーストばかりを唱えて、世界の他の国々との関係が弱くなっている。私たちインテリ層は、アメリカの現在の政策などを心配しています。もちろん、他の国の人々も同じ意見だと思いますが。

「競争相手を必ずしも敵にする必要はない」

来年（2020）には大統領選挙があります。誰が選出されるか分かりませんが、インテリ層だけではなく多くのアメリカ国民は、アメリカの国際的な責任を意識して、2021年1月には、世界の国々と良好な関係が築ける人、もっと良い政策を行うことができる人物が大統領になるべきだと考えています。

近年、アメリカは経済成長がそれほど速くはなく、一方で中国は急速に軍備を拡張して経済的にも成長が著しい。アメリカ人は、中国の人権問題などに関心を持ち、アメリカの政治家たちによる中国バッシングが増えています。私自身は、次の新しい大統領には中国ともう少し良好な関係を築いてもらいたいと思っています。

中国は、私たちが競争する相手ではありますが、競争相手を必ずしも敵にする必要はないのです。私たちアメリカ人の多くは、中国と良い競争関係を築きたいと考えています。そして米中両国の間になにか問題があると、やはり日本の役割はもっと大きくなるでしょう。

素晴らしいことに、今日私が愛知大学で見ていると、日本と中国に関連する研究や教育など各種交流事業が盛んに行われています。われわれの政治はやはり少し極端なことをやっているのですね。これからの米中関係において、日本は両国の橋渡し役を担うことが非常に大切であり、今後もっと重要な役割を果たしていただけると、私は期待しております。

以上、長時間にわたり、ご清聴ありがとうございました。(拍手)

愛知大学学生へのメッセージ

李　ヴォーゲル先生には、大変体系的な話を、なんと原稿なしでお話しいただきました。約1500年前から今日の米中貿易戦争までの歴史を1時間ほどで解説していただきましたこと、大変感銘を受けております。

拝聴していて非常に気になったのは、先生のご講演の中で一番多い言葉が「勉強」だったということです。先生は2000年にハーバード大学を定年退職されて、もう19年が経過しました。しかし、いまだにお勉強しているんですね。これはもう究極の生涯学習です。皆さん、ヴォーゲル先生にもう一度拍手をお送りしましょう。（拍手）

ヴォーゲル　別に特別なことではなく、中国でいえば「活到老，学到老」（huódàolǎo, xuédàolǎo）です。

李　「活到老，学到老」というのは、中国語ではまさに生涯学習そのものです。

さて今回、ヴォーゲル先生がはるばる愛知大学にお越しいただいているということで、もう一つの分会場には本学の学生たちが約400人集まっております。先生のご著書『日中関係史』では、本学にお越しになる前から東亜同文書院や近衛篤麿、および愛知大学との関係をご執筆なされており、今回の本学へのご訪問が実現した一つの大きなきっかけでもあります。

そこで、ヴォーゲル先生から若い人たちに向けて、特に、愛知大学の学生に向けてなにか贈るメッセージをいただければと思います。

ヴォーゲル　現代社会は、私たちが若い頃よりも変化が非常に速く、対応が大変難しくなっていると思います。例えば、産業の知識を学んでも、次の年には変化している。また、今年良いポストの仕事があっても、次の年にはそのポストがなくなり、まったく新しい仕事をしなければならない、そういう時代になってきています。ですから、幅広いことを勉強して、世の中の素早い変化に順応できるように、精神的な準備をしておくことが大切です。

もう一つは、国と国の間に橋渡し役をつくることです。世界はやっぱり小さくなって、国と国との関係は昔に比べて、かなり密接になってきているのです。それを理解するうえで一番良い方法は、外国で友達をつくることです。そして、良い関係が長く続くように日ごろ準備しておくことです。

以上のような2つを、老人である私から、いまの世界情勢を踏まえてお話ししておきたい。

李　ありがとうございます。実は今朝、東京六本木にある国際文化会館でヴォーゲル先生と朝食をご一緒したのですが、先生のお友達にたくさんお会いしました。その際、先生のお話の中で特に印象に残ったのは、外国を研究するにはまずその国へ行って、友人をたくさんつくること、また友人との長い交流関係から、その国に対する理解を深めることができるということです。そのことについて、先生からもう少しご説明をいただければと思います。

ヴォーゲル　私の大学院時代の先生にも言われたことで、私も自分の学生に伝えていることですが、社会学を勉強するために一番重要なのは、友人をつくることです。友人の立場を理解するために、努力や準備が必要になりますが、その分、様々なことが学べるわけです。友人が本質的なことを教えてくれるので、その社会を深く理解することにつながるのです。

現在でも良かったと思っているのは、若いときに日本の友達を多くつくったことです。彼らとは今でも交流しており、明日会う友人は1959年来の友達です。友人を通して、楽しみながら理解を深めることができるので、その国を理解するには友人以上に良いものはないと思います。

雅子さまとの出会い

李　なるほど。ところで、今日の配布資料にもありますが、今年5月1日に令和が始まって3日後の5月4日付日本経済新聞の「令和を歩む」というコラムには、ヴォーゲル先生の記事が出ました。この記事は、私の授業でも配布資料として活用させていただいておりますが、その最後に、今の天皇陛下および皇后雅子さまとの出会いに触れておられます。奇(く)しくも今日は、その新しい天皇陛下が伊勢神宮をご参拝なさっています。そこでお伺いしたいのですが、ヴォーゲル先生から見た今の天皇陛下および雅子さまとの出会いは、どのような感じだったのでしょうか？

ヴォーゲル　私は雅子さまが高校時代からの知り合いでした。父親である小和田恆(おわだひさし)さんとは友人で、彼の家で会ったこともあります。彼女がハーバード大学の学生のときにも時々会いました。彼女は非常に素直で、よく勉強していて、責任感も強いです。今後、良好な国際関係を築いていくことを期待しています。

明治時代の天皇は非常に強い権限を持っていましたが、現在では国のシンボルとなっています。実際の政治や経済には関与できませんが、

ご成婚パレード（1993年）
（産経新聞提供）

国の道徳のシンボルというか、国の良さを象徴するシンボルになっています。雅子さまと今の天皇陛下は外国に対する理解が深く、お客さんに会うと、皆が良い印象を受けていますので、諸外国と良好な関係を築くために大事な役割を果たしていくことを私は期待をしています。

李　ありがとうございます。

もう一つお尋ねしたいのは、『ジャパン・アズ・ナンバーワン』についてです。あの本が出版されてから今年で40周年となりました。あの本を執筆された背景などのエピソードがあれば、お聞かせいただければと思います。そもそも、なぜ『ジャパン・アズ・ナンバーワン』とネーミングされたのでしょうか。

ヴォーゲル　私は1958～60年に日本に滞在していました。それ以来、ほぼ毎年訪問してきましたが、子どもが小さい頃は長期滞在ができませんでした。そして、長男が高校を卒業してからはまた日本に1年間滞在できるようになりました。

1975～76年の私の研究テーマは「財界」でした。当時の私は、1960～75年における日本の発展ぶりに衝撃を受けていたのです。しかし当時のアメリカ社会では、日本の高度成長などは全然理解されていなかったのです。そこで、日本からアメリカに帰国して、アメリカ人向けに『ジャパン・アズ・ナンバーワン』を執筆したのです。日本の発展は非常に速いので、「けんか」しないほうがいいし、日本の良い点をアメリカは学ぶべきであると。当時のアメリカは、非常に成功している国でしたが、学習し続けなければならないと。その一端として、日本から習うこともあり得ると述べました。

そういう考えから、日本のあらゆる面をその本で書こうと思いました。ある人は、私が述べた内容が理解できず、またある人は、日本が経済面でアメリカを追い越したのだと理解しました。しかし、そういう意味で執筆したのではなかったのです。私が述べたかったのは、成功して経済発展が速い日本のやり方を、私たちアメリカ人は学ぶべきであるということだったのです。『ジャパン・アズ・ナンバーワン』は日本人ではなく、アメリカ人に向けた内容でしたが、残念ながら読んだのは日本人で、アメリカ人は読みませんでした。

李　ありがとうございます。実は今朝、東京から名古屋に来る新幹線の中で、ヴォーゲル先生と工作機械や電気自動車についてお話ししてきました。今年5月に、ハーバード大学アジアセンターで開催されたフェローセミナーには私が報告者として招かれ、「自動車の社会的費用とアジアの環境政策—日中比較研究—」というテーマで講演させていただきました。その司会を務めていただいたのがヴォーゲル先生でした。また、ハーバード・イェンチン研究所執行所長で日本近現代史研究の大家であるアンドルー・ゴードン（Andrew Gordon）先生、それからハーバード大学における環境学の大家であるマイケル・マッケロイ（Michael McElroy）先生にコメンテーターを務めていただきました。

そういうこともありまして、新幹線に乗車している間、電気自動車

ハーバード大学アジアセンター
フェローセミナーにて

左からマッケロイ、ゴードン、李、ヴォーゲル

は中国と日本のどちらが技術の蓄積があるのか、バッテリーはどうなるのかと、ヴォーゲル先生に熱心に聞かれました。先生とお話をしていると、産業の現場に非常にお詳しいということに、改めて感銘を受けました。

さて、ここからはフロアから質問を受け付けます。せっかくの機会ですので、先生にお聞きしたいことを、どうぞ自由にご質問ください。

質疑応答

徐静波　アジア通信社の徐と申します。ヴォーゲル先生にお尋ねしますが、米中貿易戦争における日本の役割について、先ほど架け橋という言葉が出てきましたが、具体的にはどのような役割を日本は果たすべきなのでしょうか。

ヴォーゲル　中国とアメリカの貿易戦争は、もちろん日本の問題でもあります。例えば、日本で生産される部品は中国の製品の中に入っています。すると、中国製品をアメリカに輸出する際の問題が関連してきます。しかし、貿易戦争は激しい戦争ではなく、経済面ではそれほど心配がいらないと私は考えています。むしろ私が心配しているのは、貿易戦争によって政治的な側面で悪い感情が働いてしまうということです。

具体的にいえば、アメリカの右翼と中国の左翼の動向です。言いかえると、アメリカの右翼と中国の左翼が呼応する形になって、両方とも勢力を拡大していく可能性があるのです。そうなると、私たちのような穏健派の人間は困るというわけです。

そこで、日本は穏健的な役割を担うことができると思うのです。つまり、アメリカ人と中国人に相互理解を促すことが、日本に求められる橋渡し的な役割だと考えています。もちろん、アメリカと中国が素直に聞き入れるとは思いませんが、日本は多少なりとも有利な立場にあると、私は思っています。

李　ありがとうございます。他にはいかがでしょうか。では、川井学長。

川井伸一　貴重な機会ですので、1つお尋ねいたします。私は大学を経営する立場にありますが、先生の考察を伺っておりますと、教育による人材の育成が大変重要であるとご指摘されています。そこで先生には、アメリカ人研究者であり、ハーバード大学の名誉教授でもあるお立場から、日本および中国の教育の在り方、その強みや弱みというものがあれば、お聞かせいただけますでしょうか。

ヴォーゲル　残念ながら現在の日本人の若者は、少し内向的になっていて海外留学をしない傾向にあります。昨年の数字を見ますと、現在アメリカに留学している中国人はおよそ35万人います。日本人はおよそ2万人。35対2なのです。少し前までは日本人留学生の数はもう少し多かったのですが、現在では海外留学には行かない。一概には言えませんが、やはり日本での生活は快適ですし、留学には費用もかかるなどの困難さが原因かもしれません。しかし、科学技術の変化は速く、日本人は中国やアメリカ・西欧諸国と協力して、共同開発などで世界の技術を学ぶべきです。その意味からも、若いときに海外へ行って勉強すべきです。

一方、中国人について。自分の勝手な意見を述べますと、最近の中国人は自由に話さなくなりました。以前は、どんなことでも平気で話していたのですが。現在では、2～3人の友人の前では本当のことを話しますが、10人ぐらいになると誰かが「小報告」（告げ口）して、上の人間に悪口を報告する可能性もあるので、非常に警戒しています。

また、ハーバード大学での良い面は、何を考えても何を発言しても良いということです。一方、ハーバード大学の悪い面は、最近の若い研究者には、理論と数字を駆使するだけで、歴史や環境および社会のことなどを十分に理解せずに、自分が偉い科学者であるかのように振る舞う社会学者がいることです。私たちのような歳を取った人間からすれば、若い人はもう少し環境や歴史を理解すべきだと思っています。

そのほかにも、様々な問題がありますが、現在のアメリカ人が心配しているのは、小規模な大学の経営状況が悪化している関係で、学費が高くなっていることです。優れた大学に入学すれば両親は費用を出しますが、普通の大学なら両親は費用を出すかどうか迷うのです。そのため小規模な大学の将来を、私は非常に心配しています。

李　その他の方はいらっしゃいますか。では、藤田先生。

藤田佳久　愛知大学の藤田と申します。現在は、東亜同文書院大学記念センターにおります。ヴォーゲル先生のご著書『日中関係史』では、東亜同文書院のことが扱われているとお聞きしましたが、先生から見ると、同文書院はどのような位置づけになるのでしょうか。

ヴォーゲル　1901年に上海に作られた東亜同文書院は、当時の日本人が留学して、中国全体のことを勉強するところでした。その役割について議論されることの一つは、1930～40年代の戦争との関連です。それと、中国で得た知識を、平和のために使うか、企業のために使うか、戦争の準備のために使うかという点です。知識をどのように使うのかという議論があるようです。

私は、中国で勉強することはすごくいいことだと思います。先ほど述べたように、日本人の学生はもう少しアメリカに留学すべきであり、アメリカ人の学生も日本や中国に留学すべきだと考えています。そういう意味で、東亜同文書院は非常に重要な役割を果たしていたと考えていますが、その知識を何のために使ったのか、どういうふうに使ったのか、それについては様々な議論があります。もちろん、留学で得た知識は、平和のために使うべきだと考えています。

李　ありがとうございます。では、小原先生、服部先生の順にお願いします。

小原道雄　愛知大学地域政策学部の小原と申します。今年出版された『リバランス』というご著書の中で触れられていた習近平さんの路線について、毛沢東や鄧小平と比較すると、やはり鄧小平の路線に近いということをおっしゃっていますが、国際的な緊張関係が非常に厳しいなか、中国国内での自由の抑圧もあります。このような状況にあって、習近平政権はこれからどのようになるのか、ご意見を伺いたいと思います。

服部健治　日中協会の理事長で、元愛知大学、元中央大学の服部と申します。現在、多くの日本人は香港の問題に関心があります。ヴォーゲル先生は、日本に来られる前に香港にも行かれたそうですが、今後の香港をどのように見ておられるのか、これからどうなるのかについて、お聞きしたいと思います。

左：服部健治氏

李　ヴォーゲル先生、2つまとめてお答えをお願いします。

ヴォーゲル　鄧小平の本については、私は10年の歳月をかけて勉強してきましたが、習近平についてはそれほど勉強していません。鄧小平はフランスに5年間、ロシアに1年間滞在した経験があります。その後、総書記を10年間、軍の指導者を12年間務めていました。また1973～75年には、病気を患う周恩来の右腕として外国要人と会見するなど、海外や外国人との交流経験が非常に豊富でした。それに対して、習近平の父親は共産党の上級幹部でしたが、北京を軸とした政治家であり、海外での経験は少ないのです。

鄧小平は経験豊富なことから、大局を見てマクロ政策を打ち出していました。一方、習近平は「小組」(グループ) の長として細かい政策を行うという違いがあります。鄧小平は経済の高度成長を作り上げましたが、習近平は腐敗問題に注力してきました。習近平が大きな社会変動のなかで、指導者として対応する問題は非常に難しいです。ある人は、習近平は一番強い指導者で、国内はよく統一されていると言います。

私から見ると、中国は経済的格差も大きく、そのほかにも多くの問題を抱えています。様々な見方はありますが、腐敗問題に対しては大変成功したと思います。しかし、国を統一して指導していくことには、非常に難しい課題が山積していると私は考えています。

もう一つ、香港の問題についてのご質問ですが。私が専門とする社会学の面から見ると、運動に参加しているのは香港生まれ・香港育ちの若い人です。実は最近の 20 年間、中国大陸から英語もできる多くの優秀な人々が香港に渡ってきているのです。彼ら大陸出身者が香港の大学を卒業するのです。

すると、企業は大陸から来た優秀な人材を雇って、現地香港の人はいい仕事に就けない状況が生まれています。さらに、移民が多いために家賃が高くなっています。香港生まれ・育ちの人は良い就職先も確保できず、家賃も高くなって大変なのです。香港の問題は、政治的側面もあるとは思いますが、そういった社会や経済的側面の問題も非常に大きいと私は思っています。

現在起きている問題については、香港の企業家や北京がタイアップして、暴力を振るっている学生運動を抑えてほしいと躍起になっています。数年前の学生運動は「雨傘運動」といって、平和的で乱暴な行動はしなかった。しかし今回、香港政府は学生たちと十分な対話をせず、学生たちの立場を十分理解していないようです。実は、学生たちの中には政府と対話を望んでいる人も多いようです。話を聞いてくれないから、ついに今のような暴動に発展しているのです。

今回の問題は、解決が非常に難しい。北京政府は香港の住宅問題の改善策を提示したりして、学生運動には少し柔軟に対応できるといいのですが、それでも解決が難しいでしょう。しばらくの間は、非常に緊張した状況が続くのではないかと思います。香港には優秀な人材が多く、やる気のある人も多いですが、残念ながら、問題は早く解決できないのではないかと思います。

李　ありがとうございます。(拍手)

話は尽きませんが、実は、ヴォーゲル先生はすぐに新幹線で東京に戻られる予定です。今日の講演内容は、先生のご承諾をいただきまして、講演録としてまとめる予定です。皆さん、楽しみにしていてください。

それでは今一度、素晴らしい講演をされたヴォーゲル先生に拍手をお送りください。どうもありがとうございました。(拍手)

愛知大学　特別授業
「エズラ・ヴォーゲル講演会　総括と解説」

参考資料　NHKスペシャル・1994
「上海・幻の名門校
東亜同文書院生

上海・幻の名門校
〜東亜同文書院生の軌跡から〜
John King Fairbank
Fairbank Center for Chinese Studies Harvard University

〔特別授業〕

エズラ・ヴォーゲル講演会　総括と解説

李　　春利

2019 年 11 月 25 日・29 日
於 愛知大学名古屋キャンパス

［まえがき］
本文は筆者が担当している愛知大学の講義科目「中国経済論」、「国際産業論」および「グローバル自動車産業論」での講義記録を基に大幅に加筆修正したものである。2019 年 11 月にこの 3 科目において、「特別授業」としてそれぞれ違う角度からヴォーゲル講演会を解説し総括した。

Ⅰ．ヴォーゲル講演会と著書

今日の授業の前に、皆さんが書いた感想文を先ほど入手して、面白く読みました。先週の土曜日、つまり 11 月 23 日にハーバード大学名誉教授エズラ・ヴォーゲル先生の講演会が愛知大学名古屋キャンパスで開催されました。私が担当している 3 つの講義科目、すなわち、中国経済論、国際産業論、そしてグローバル自動車産業論の受講生たちが合わせて約 350 名がこの講演会に参加しました。

また、他学部の先生も授業でこの講演会を紹介してくれましたので、ライブ中継でつないだ分会場は、受講者が約 400 名といった感じでした。そのほかに、社会人、大学関係者、一般市民などを含めて 700 人以上の申込みがあったそうです。メイン会場のグローバルコンベンションホールは 600 席しかないので、抽選をせざるを得ませんでした。

東京・国際文化会館にて（名誉博士学位贈呈式後）

結果的には、講演会全体の参加者は合わせて約 1,000 人でした。

講演会に先立って、本館 20 階のスカイラウンジで、「エズラ・F・ヴォーゲル先生を囲むランチ交流会」という歓迎会が開かれ、本学の学長や国会議員、元愛知県知事、ジャーナリストなど 20 数名が出席しました。地元のほかに、東京や神戸からも関係者たちが聴きに来ました。

私は講演会前日にヴォーゲル先生を迎えに東京に行ってきました。東京の六本木には国際文化会館という大きな総合施設があり、先生はそこに泊まっていたので、私も同じホテルに泊まりました。同日午後 2 時から、その会館で中央大学が先生に名誉博士学位を授与するというセレモニーがあり、記念講演会も開催されました。主催者のご厚意により、私も記念講演会と贈呈式に参加しました。

ヴォーゲル先生がハーバード大学で博士号を授与されたのは 1958 年だったそうです。60 年以上も前のことであり、彼の学位は社会学博士でした。

『Japan as No. 1』と『日本の新中間階級』

ヴォーゲル先生が初めて来日されたのは、博士号取得直後の 1958 年だったそうです。その頃の日本は、高度成長が始まったばかりで、まだ、ジャパン・アズ・ナンバーワンの時代ではなかったのです。私がハーバード大学に滞在していた時に、先生の家に招かれたことがあり、いろいろお話しをしました。その際に、ハーバード大学フェアバンク東アジア研究センターの創設者であるジョン・K・フェアバンク(John King Fairbank、中国名：費正清）教授が、1970 年代中頃に愛知大学に招かれて講演したことがあると伝えたら、ヴォーゲル先生は大変喜んでくれました。

また、なぜ『ジャパン・アズ・ナンバーワン』という本を書かれたのか、そのきっかけを知りたいと先生に尋ねました。愛知大学の講演会の会場でも、私は同じような質問をしました。ヴォーゲル先生がこの本を書かれたのは 1979 年のことであり、日本語版は 70 万部も売れて、ベストセラーになったそうです。あの時代に、外国人が書いた本がよくもあれだけ売れました。また、中国語版を含めて、世界中で様々

愛知大学名古屋キャンパスにて

な言語に翻訳されたそうです。タイミング的には、ちょうど日本が世界の舞台で脚光を浴びる前夜であり、世界中で日本に対する関心が高かったです。

1950年代には、戦後復興が一段落し、高度経済成長が始まったばかりで、その頃はみんな大変でした。ヴォーゲル先生は、1950年代から今日までずっと日本を研究し続け、60年以上にわたって日本を見つめてこられました。その意味で、彼は戦後日本そのものの目撃者であり、文字通りの歴史の証人です。そのような文脈で先生の話を聞くと、分かりやすいのではないかと思います。

ヴォーゲル先生の最初の研究は、日本の家族制度に関するものでした。社会学の視点からの研究であり、それについては後に、有名な本が出版されました。『日本の新中間階級』（英語版：*Japan's New Middle Class*）という本でした。それは先生が1963年に書かれた本で、最初の単著です。

この本は、1958年から1960年までヴォーゲル先生が日本滞在中に行った膨大な社会調査をベースにしてまとめられたものです。最近、『日本新中産階級』と題して中国語にも翻訳され、2017年に中国で出版されたそうです。実に、原著より50年以上も遅れて出版されたわけですが、中国でも中産階級に対する関心の高さを示しています。

日本は「1億総中流」という言い方があります。アメリカは世界ナンバーワンだけれども、なにかというと、社会が不安定です。やはり格差社会で、不法移民も多く、今は大統領選挙の焦点のひとつにもなっています。トランプ大統領は不法移民を排除しろ、厳しく対処しろとしきりに言っています。ただアメリカ自体はそもそも移民でできた国なので、今はなぜ、移民に対してこれまでにない厳しい措置を執るのかという反発もかなりあります。アメリカは格差社会ですが、中国も格差社会になってきています。格差の大きい社会は不安定なので、いろいろ摩擦が多いのが特徴です。

ヴォーゲル先生が見た日本の社会経済発展の秘密、あるいは原動力は、どこにあるのでしょうか。あの頃の日本人はみんな頑張って一生懸命に働いて、そこそこいい生活をして、社会的にはなるべくすごい金持ちと大変貧しい人をなくしていく努力がなされてきました。日本の中産階級は、これまでのところ、世界的に見ても一番層が厚いのではないかといわれています。会社員は会社のために頑張って、一生同じ会社で働く人も多いです。このような終身雇用の形態は世界中をみてもおそらく日本にしかないといってもいいぐらいです。

したがって、従業員は会社と一緒に成長していけるし、家庭も安定していて、子供たちは比較的に良い教育を受けます。ヴォーゲル先生が言っていたように、日本の基礎教育は世界でもトップレベルです。高い教育水準に加えて、中産階級が社会全体の中で圧倒的に高い比率を占めているというのは、日本の特徴であり、強みでもあります。

話は続きますが、初回の日本滞在から10年以上経って、ヴォーゲル先生は1975年から東京大学経済学部で1年間在外研究（サバティカル）のため日本に滞在しました。そのときに見た日本は、目を見張るものがあったと言います。東大経済学部には大内力（つとむ）先生という経済学の大御所がいて、日本ではトップクラスの経済学者です。その先生の下で研究をしていました。

ヴォーゲル先生の家で聞いた話によると、「僕はあまり勉強しませんでした」と彼は言います。社会学の研究方法は、二つのことを大事にしています。ひとつは現地調査、必ず現場を見ることです。もう一つは関係者から直接話を聞く、つまりインタビューすることです。社会学は現場主義なので、必ず現場に足を運ぶことが重視され、一次資料を大事にしています。この時彼の調査研究の成果は、後にベストセラーになった『Japan as No. 1』であり、それも緻密な現地調査やインタビューに裏付けられたものです。

今回の講演会は 3 部構成からなっています。先生の講演は大体 1 時間です。その後、10 ～ 15 分は対談方式で、私は「代表質問」のような形で、聴衆の関心が高そうな質問をいくつかしました。彼のことについては比較的よく知っているので、先生の持ち味を引き出すというのが私の役目と考えていました。

ヴォーゲル先生はもともとスピーチ上手で、英語では storyteller（ストーリーテラー）と言います。私は彼の近くにいましたので、本当に原稿もなく、メモもありませんでした。600 年から米中貿易戦争までの 1500 年の歴史という壮大な話を展開しながら、大事な節目になる年をちゃんと覚えていて、しかも繰り返し強調しています。1500 年の歴史を頭の中にインプットできるということは、大した記憶力だと感心しました。

ヴォーゲル先生の講演内容についてですが、日中交流は大きく分けて、三つのハイライトがあったということです。一つ目のハイライトは、遣隋使・遣唐使の時代であり、古代日本は中国から様々なことをたくさん学んできました。近現代になったら逆になったのです。二つ目のハイライトは日清戦争が終結した直後であり、その際に、中国から留学生が大挙して日本にやってきました。近代中国を支えていた各分野の指導者たち、例えば、政治や軍事、経済、文化などの分野で約半分の重要人物は日本留学経験者だったといわれています。

ひとつ例をあげると、マルクスとエンゲルスが書いた『共産党宣言』という有名な本があり、それは共産党のバイブルのようなものです。

この本は早稲田大学に留学した陳望道（Chén Wàngdào）という人が、1920年に日本語版から中国語版に翻訳したものです。中国共産党は1921年に結党されましたので、2021年でちょうど100周年です。彼はのちに、愛知大学の協定校である名門の復旦大学の学長を長年務めていました。

また、京都大学には河上肇という大先生がいて、経済学部の教授です。彼は日本の社会主義研究の第一人者でした。彼はマルクスの『資本論』の一部を翻訳したそうです。河上肇の門下には中国人留学生がたくさん集まって、社会主義理論などを学んで、中国に持ち帰ったといわれています。私も京都大学経済学部におりましたので、過去100年間のタイムスパンを見ると、近現代においては、日本から中国に逆輸入したものが相当多かったのです。

『現代中国の父　鄧小平』

さらに、三つ目のハイライトは1978年から始まる中国の改革開放の前後でした。これについては、ヴォーゲル先生が2011年にアメリカで出版された、*Deng Xiaoping and the Transformation of China* という本の中に非常に詳しく書かれていました。日本語版は『現代中国の父　鄧小平』（日本経済新聞出版社）というタイトルで、上下2冊の分厚い本です。同書の中国語版は100万部を超える超ベストセラーになり、非常に評判の良い本です。その本を執筆するために、先生は実に10年以上の歳月をかけて膨大な資料を調べあげて、300人を超える関係者に直接インタビューして完成したそうです。

今から約40年前のことになりますが、1978年10月に、「中日平和友好条約」が締結されたのを受けて、批准書交換式に出席するために、中国副首相の鄧小平氏が戦後初めて中国からの国賓として日本を訪問しました。東京での一連の行事に参加した後に、鄧小平一行は大阪へ行って、当時の松下電器、今のパナソニックを訪問しました。当時、松下電器創立者の松下幸之助という人がいて、日本の「経営の神様」とよばれた存在です。鄧小平は松下電器の工場を見学し、松下幸之助にも会ったのです。

面談の際に、鄧小平は、「あなたは日本の経営の神様だと、私は以前から聞いております。今回はぜひあなたにお会いしたいです。松下さんにはぜひ中国の近代化建設をご支援いただきたい」とお願いしたそうです。松下幸之助は即断即決で、「ぜひお手伝いさせていただきます」と返事したと伝えられています。これらの経緯は、ヴォーゲル先生の本の中で紹介されています。

余談ですが、実は今回、愛知大学名古屋図書館は先生の来訪に合わせて、特別に二か月間「エズラ・F・ヴォーゲルの著書を読む」という特設コーナーを設けました。ヴォーゲル先生がこれまで書かれた著書の英語・日本語・中国語版が展示されています。

その中には、私がかつて読んだ『Japan as No. 1』の中国語版『日本

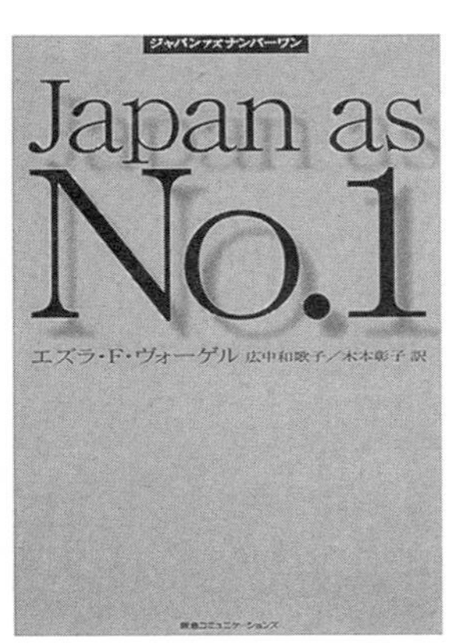

名列第一：対美国的教訓』（世界知識出版社、1980 年）も特設コーナーに飾ってあります。だいぶ古くなった本ですが、大変久しぶりに目にしたので、本当に感激しました。まさか愛大の図書館でこの本に再会できるとは思いませんでした。それは、私の日本との出会いの原点にあたる本でした。

実は、11 月 23 日に先生が愛大到着後、真っ先にご案内したのは、名古屋図書館にあるこの特設コーナーでした。愛知大学の中国語図書の蔵書量は、日本全国の大学図書館の中でもトップレベルです。ヴォーゲル先生の著書は、日本の大学図書館では普通ならば英語版と日本語版があっても不思議ではありませんが、それに加えて中国語版もそろっているのはなかなかめずらしいと思います。先生もこの特設コーナーの前に立って、大変懐かしく自分の著書の数々を眺めておられました。

話は戻りますが、その後、松下幸之助は北京市の郊外で、日中合弁企業の第 1 号としてカラーテレビ用のブラウン管を生産する会社を創設したのです。いまは、カラーテレビは液晶パネルになっていますが、

当時はまだブラウン管でした。いま、約1万3,000社の日本企業が中国に進出していますが、北京松下は日中合弁企業第1号で、文字通りのナンバーワンです。その実現は、松下幸之助と鄧小平との約束によるものでした。

また、ヴォーゲル先生の講演の中にも出ましたが、鄧小平は東京から新幹線に乗って、名古屋には止まらなかったのですが、京都、大阪へ向かいました。乗車の途中、随行記者団に新幹線に乗った感想を聞かれました。鄧小平は、「とにかく速い。乗っていて背中を押されて走るという感じだ。これこそ我々が求めているスピードだ。」と答えたそうです。彼のこの答えは、後に有名な言葉になり、中国に広く伝わりました。新幹線は日本が世界に誇る技術で、この名古屋校舎のすぐそばを通っていますね。

新日鉄や日産、そして松下電器の見学を終えて、鄧小平は「今回の訪日で近代化とは何かがわかった」、「我々は駆け出す必要に迫られている」と感想を述べたそうです。1978年10月の訪日後、鄧小平の強いリーダーシップのもとで、中国の改革開放政策が本格的にスタートしたのです。

福田康夫元首相（右）と李春利

当時日本の首相は、福田赳夫（たけお）という人でした。福田ファミリーからは、首相が2代も出ました。長男の福田康夫氏も首相経験者です。彼は小泉内閣の官房長官であり、第1次安倍政権の後、日本の首相になったのです。親子2代の首相です。おかげさまで、私はその二人の首相ともお会いしたことがあります。父親の福田赳夫氏に会った人は、今は少なくなったと思いますが、彼と握手をしました。福田康夫元首相には、東京で数回お会いしました。福田家は中国と非常に縁が深いです。

鄧小平が中国に戻った後、1978 年 12 月に「中国共産党第 11 期三中全会」（第十一期中央委員会第三回全体会議）とよばれる中国共産党の重要な会議が開催されました。ここで、中国の有名な改革開放政策が正式に決定されたのです。要するに、国内では経済改革を断行し、対外的には世界各国と経済協力を進め、近代化建設に必要な先進的な技術と資本を外国から導入するという国の基本方針が決まりました。これによって、国を挙げて経済建設を推進しようとすることが、中国社会の大きな流れになったのです。

ヴォーゲル先生が強調しているのは、鄧小平がここまで思い切って大胆な改革開放政策を断行したのは、訪日で受けた刺激によるものだったということです。日本の近代化の発展ぶりを目の当たりにして、彼はこれからスピードアップして経済力を付けないといけない、国民を豊かにしないといけないと決心したようです。

昔の中国は、政治の国と言われていました。経済の国になったのはここ 20 年ぐらいのことで、その中で、鄧小平は大きな立役者でした。ヴォーゲル先生の英語の本のタイトルは、*Deng Xiaoping and the Transformation of China* です。ここの Transformation は転換期という意味ですが、転換点はどこかというと、つまり日本でした。この 1978 年の転換点は日本だったのです。

もうひとつの話については、実は、私は現場で質問したかったのですが、残念ながらそんな時間はありませんでした。この授業と密接に関係のある話なので、今日は少し背景を説明します。

実は「三中全会」の後、1979 年 1 月に、鄧小平は米中国交樹立のためにアメリカを訪問しました。1979年1月1日に、アメリカと中国は正式に国交を樹立しました。当時のアメリカ大統領はジミー・カーター（Jimmy Carter）でした。彼は今年もう95歳のご高齢ですが、いまはジョージア州アトランタ市に住んでいます。そこにカーター・センター（The Carter Center）という機関をつくって、私の知人はそこの主席研究員を務めています。時々、タイムリーな情報を送ってくれます。

ワシントンでカーターと鄧小平が握手を交わし、アメリカと中国の関係はようやく正常化しました。鄧小平は経済建設のことに夢中になっていたので、アメリカでも企業を訪問しました。ワシントンでの行事が終わった後、彼はアトランタに飛んで、自動車メーカーフォードのアトランタ組立工場を見学しました。アトランタはカーター大統領の故郷であり、また公民権運動の指導者であるマーティン・ルーサー・キング（Martin Luther King, Jr.）の故郷でもあります。そこで鄧小平一行は、キング牧師のお墓に献花し、ご家族にも会ったそうです。

その後、彼はテキサス州ヒューストンに行き、アメリカ航空宇宙局（NASA）ジョンソン宇宙センターを訪問しました。ここはNASAが有人宇宙飛行の訓練や管制を行っている研究施設であり、有名なアポロ計画やスペースシャトルなどの宇宙船指令室もここにあります。

カーター大統領と鄧小平副首相（アフロ提供）

最後に、鄧小平は西海岸のシアトルに行き、有名な航空機メーカーであるボーイングを訪問しました。その後、ボーイングと中国の関係は一貫して良好であり、その原点は鄧小平の訪問にさかのぼることができます。当時、アメリカ人にとって、中国は政治の国というイメージをもっていたので、中国の新世代の指導者がアメリカにやってきて、熱心に企業を見学しているということにみんな驚いたようで、マスコミは大々的に報道したそうです。

アメリカ訪問は、鄧小平の最後の外国訪問となりました。彼の訪日と訪米により、日中関係と米中関係が軌道に乗ってきたと言ってもよいでしょう。中国は新しい指導者のリーダーシップのもとで一生懸命に経済建設を行っているというメッセージは、日本やアメリカなどに広く伝わっていきました。それが今の経済大国としての中国の原点だったのです。これらの話も先生の本の中に詳しく書かれています。

また、余談ですが、ヴォーゲル先生はさっそく次の本の執筆に取りかかっているそうです。中国の改革開放時代のもう一人の有名なリーダーである『胡耀邦（こようほう）』(Hú Yàobāng) に関する本だと聞いています。講演会の時に先生が中国語で「活到老、学到老」(huó dào lǎo, xué dào lǎo) と言っていましたね。私は日本語で「生涯学習」と訳したのですが、彼は文字通りそのお手本と言ってよいでしょう。

雅子さまとの出会い

さて、この授業で配布された資料として日本経済新聞の「令和を歩む」(2019 年 5 月 4 日付け) というヴォーゲル先生の記事がありました。先生の講演の中にも、今の新しい天皇と雅子さんの話がありました。先生は昭和の時代からずっと日本を見つめてきたので、まさに歴史の証人です。記事の関連部分を、ちょっと読み上げます。

新天皇陛下には英国留学を終えられた時にお会いした。非常に謙遜され、英語ができる立派な方だ。雅子さまはハーバード大で私が担当した日米交流事業に参加された。とてもまじめで優秀な国際人だ。お二人とも非常に良い国の象徴になると思う。

講演会でそのことについて尋ねたところ、「私は雅子さんが高校時代からの知り合いでした。父親である小和田さんとは友人です。」と答えられました。雅子さんの父親、小和田恆（おわだひさし）氏は外務次官の経験者で、また有名な国際法学者でもあります。

小和田さんが国連日本政府代表部に勤めていたので、雅子さんはニューヨークの小学校に通っていたそうです。小和田さんはその後、ハーバード大学ロースクール、コロンビア大学ロースクールの客員教授にも招聘されました。さらに、オランダには有名なハーグ国際司法裁判所という国連直属の司法機関があり、彼は日本人として初めて同裁判所の所長を務めました。小和田氏は、世界的に尊敬されている国際

ハーバード大学アジアセンターにて
（左からカレン・ソーンバー、アンドルー・ゴードン、キャロライン・ケネディ〈元駐日大使〉、李春利）

人と言ってもよいでしょう。

雅子さんは、英語はネイティブ並みといわれています。高校生の時に、父親が在米日本大使館公使になり、また、ハーバード大学ロースクールの客員教授にも招聘されたのを受け、一家は再び渡米しました。雅子さんは、マサチューセッツ州の公立高校に2年間通った後に、ハーバード大学経済学部を受験して合格したそうです。ここで、ヴォーゲル先生の指導を受けたり、また、著名な日本史研究者のアンドルー・ゴードン（Andrew Gordon）先生の助手を務めたりしていたと伝えられています。

ハーバード大学を卒業してからは、雅子さんは日本に戻り、東京大学法学部に学士編入学で3年生から入学しました。在学期間中に外交官試験に合格しました。これは日本で一番難しい試験の一つといわれています。その後、彼女は外務省に入り、通商問題を担当する北米第二課に配属され、日米貿易摩擦の仕事にも携わっていたそうです。その後の話については、皆さんはよく知っているので、私は改めて説明する必要もありません。

ヴォーゲル先生については、私は大学教授というよりは、一人の人間として興味を持っていました。先生のスタミナの源泉はどこにあるのかというと、その一つとして、やはり友達づくりが上手で、そして、何十年もかけて友情を育む、ということをあげられるのではないかと思います。今回の愛大での講演会が終わってから、そのまま東京に戻られましたが、実はその日の夕方から東京駅の近くで、先生の教え子たちが待っていたそうです。ヴォーゲル先生は人のつながりを非常に大事にし、友達を大事にする方なのです。

愛知大学の学生に贈るメッセージとして、ヴォーゲル先生は、外国を理解するには友達づくりが大事だと言っていました。先生は自ら身をもって証明しました。彼の日本研究の60年間は、文字通りその実践の連続でした。今、ヴォーゲル先生は日本研究と中国研究の世界的な権威になっているにもかかわらず、まだこんなに一生懸命に勉強をしています。先生の考え方や本の中味もさることながら、一人の人間としての生き方に、私は強い関心を持っているのです。

II. 東亜同文書院大学と愛知大学

近衛篤麿と東亜同文書院

では、せっかく特別授業をやっているので、ヴォーゲル先生の講演に対する感想がありましたら、ぜひ紹介したいと思います。講演会を聴いて、なにか印象に残ったことはありませんか。

張雲銘（チャンユンミン）（Zhāng Yúnmíng）　ヴォーゲル先生が書いた『日中関係史』の中に、東亜同文書院のことも書いてあるそうですが、実は、私は愛知大学に入る前に、かつて東亜同文書院のあった上海交通大学に旅行に行ったことがあります。その旅行をきっかけに愛知大学のことを知ったので、日本に来てから愛知大学に入りたいと思いました。先生が本の中でなにを書いたのか、それを知りたいと思います。

李　なかなかいい質問です。私も講演会の冒頭に少し紹介しましたが、ヴォーゲル先生の新著 *China and Japan: Facing History*（日本語版『日中関係史―1500年の交流から読むアジアの未来』）の中には愛知大学の前身校である東亜同文書院のことが載っていました。そのことは今回、先生が過密なスケジュールの中でわざわざ愛知大学に来られるもう一つの理由でした。実は、新幹線の中でその話がかなり出ていました。

私とヴォーゲル先生は、1996年に東京で開催された国際シンポジウムで初めて会いました。先生が愛知大学へ来られたのは偶然ではありません。本の中では1500年に及ぶ日中関係史を論じられてきましたが、その中で、なぜわざわざ10ページぐらいを割いて東亜同文書院と近衛篤麿、そして愛知大学のことに触れられています。東亜同文書院は愛知大学の事実上の前身校です。そういった歴史の流れの中で、彼は愛知大学を見ているのです。

近衛篤麿については、『日中関係史』の第5章の中で詳しく書かれていました。東亜同文書院は、1901年に中国の上海で創立され、1921年に旧制専門学校、1939年には旧制大学に昇格し、1945年の日本敗戦までずっと上海にありました。愛知大学の前身の学校は、45年もの長い間、中国にあったのです（資料1「『東亜同文書院興學要旨』と『立教綱領』について」p. 147を参照）。

東亜同文書院 虹橋路校舎（上海）

東亜同文会初代会長
近衛篤麿

東亜同文書院を創設したのは、近衛篤麿という人でした。近衛篤麿は明治後期の有名な政治家です。当時、日本の議会には貴族院という機関があり、彼は貴族院議長を務めていました。

当時、貴族院は日本の華族たちを中心に構成されていました。華族というのは明治初期にできた制度で、日本の公家や江戸時代の大名に明治維新の元勲などを加え、公爵、侯爵、伯爵、子爵、男爵といった5つの爵位が設けられていました。近衛家は、公家の中でも最高の家格をもついわゆる「五摂家」の筆頭であり、篤麿は公爵で、近衛家の当主でした。

篤麿はドイツに留学して、学位を取得してきました。ヴォーゲル先生の本によれば、海外留学の草分けで日本初代首相の伊藤博文が篤麿の留学の仲介役を買って出たそうです。最初はオーストリア、後にドイツのボン大学とライプチヒ大学に留学して、1890年にライプチヒ大学で法学の学位を取得して帰国しました。

篤麿は、アジア人はみんな黄色人種で同じ漢字を使っていることから「同文同種」という連帯が成り立つと考え、それに基づいて中国との交流を進めるために同文会という団体を主宰しました。1898年に同文会が同様の活動を行っていた東亜会と合流して東亜同文会が成立すると、篤麿は初代会長に就きます。その会員には、後に首相になった犬養毅や孫文の盟友である宮崎滔天、京大教授で中国研究の大家である内藤湖南など、錚々たるメンバーたちが名を連ねていました。この東亜同文会が経営母体となって、1901年に上海で東亜同文書院（院長：根津一）をつくったのです。これは日本が海外につくった高等教育機関としては、草分け的な存在だったそうです。

当時、どのように学生を選抜したのかというと、都道府県ごとに２～３名ほどが試験で選ばれていました。そうして入学した学生は出身の都道府県から授業料と生活費の全てを提供されていました。これを「府県費生」といいます。各都道府県のほかに、外務省や満鉄、大企業から派遣される学生もいて、これらは「公費生」といいます。「府県費生」や「公費生」での入学者が少ない場合は私費生も一部入れていたそうです。

東亜同文書院初代院長
根津 一

上海に渡る前に、書院生たちは東京に招集され、華族会館（旧鹿鳴館）で入学式にあたる招見式に参加し、新渡戸稲造（にとべいなぞう）などの著名人の講義を受けながら、皇居や国会など東京の名所や主要施設を見学します。そして、京都や大阪、長崎など各地を旅行してから、最後に神戸から船に乗り上海に渡るのです。

両江総督 劉坤一

ヴォーゲル先生の本の中で、第５章に「近衛篤麿と“アジア人のためのアジア”外交」という１節があります。その中には、彼と日本に亡命した康有為と梁啓超の会談の内容や各種交流について書かれています。篤麿は康に中国の保全とアジア版の「モンロー主義」を主張しました。さらに、篤麿の斡旋で康と

湖広総督 張之洞

梁は貴族院本会議を傍聴したそうです。

そのほかに、篤麿が 1899 年に中国を訪問する際に、清朝洋務運動のリーダーである湖広総督の張之洞（Zhāng Zhīdòng）や両江総督の劉坤一（Liú Kūnyī）との交流についても詳しく記録されています。その際に、張之洞の強い要望で、両者は清国学生の日本留学と、日本教員の清国への派遣という教育交流計画に合意しています。また、張之洞は自分の孫（張厚琨）を留学生として篤麿が院長を務めていた華族子弟が学ぶ学習院に通わせたことも記されています。

東亜同文書院が上海に設立できたのは、まさに当地の行政長官ともいうべき劉坤一の強い支持を得たからです。では、なぜ日本人がわざわざ海外に 45 年間も大学をつくったのでしょうか。結局のところ、篤麿は「同文同種」の考えにより、文化や教育活動を通じて連帯意識を育てないとアジアはまとまらないという信念があったそうです。東亜同文書院の経営母体である東亜同文会はその理念を紐帯にできたようなものであり、当時は日本におけるアジア主義を提唱する代表的な団体となりました。

東亜同文書院では、時々著名人を招いて特別講義もしくは講話をしてもらうことがあります。日本人では、1911 年に日露戦争で指揮をとった東郷平八郎と乃木希典の両大将が書院を訪れていました。

一方、中国人では、1927 年に胡適（Hú Shì）、1931 年に魯迅が来院し、講義をしました。胡適は「五四運動」の旗手であり、のちに駐米大使、北京大学学長を務めた中国を代表する思想家でした。書院での特別講義のテーマは「幾人かの反理学的思想家」というものでした。

また、日本留学経験者で中国を代表する文豪であった魯迅の特別講義のテーマは「流氓と文学」というものでした。魯迅は、のちに『中日大辞典』の編集責任者になった同文書院の鈴木択郎教授からの依頼を引き受けたのではないかという説もあります（藤田佳久『日中に懸ける　東亜同文書院の群像』中日新聞社、2012年、第7章を参照）。

東亜同文会は戦後1946年に解散しましたが、その資産を受け継いだ「一般財団法人　霞山会」が日本と中国やアジア諸国との文化交流と友好を促進する活動を続けています。ちなみに、霞山会の霞山（かざん）というのは、近衛篤麿の雅号です。

以上見てきたように、東亜同文会と東亜同文書院は歴史が非常に複雑であり、また、100年以上も前から、日中関係の中に深く入り込んでいました。これらのことについては、ヴォーゲル先生の新著の中に、詳しくかつリアルに描かれています。

ところで、1945年に日本の敗戦にともない、1901年に創立された東亜同文書院も上海で廃校になりました。しかし当時在学していた学生たちは、まだ卒業できていませんでした。そうした彼らを救うために設立されたのが愛知大学なのです。創立者は東亜同文書院最後の学

胡適

魯迅

長である本間喜一先生です。ちなみに、私は本間先生の娘さんと交流があります。殿岡晟子さんといって、もう 80 歳代のおばあちゃんですが、明るくて純粋な江戸っ子です。お父さんのことについていろいろ教えていただきました。

本間先生は、東京帝国大学法学部を卒業して、検事、判事を経て、今の一橋大学、昔の東京商科大学の法学の教授になりました。1940 年に上海に渡り、東亜同文書院大学の教授になり、後に学長を務めていました。本間先生は東亜同文書院大学最後の学長として敗戦を迎えています。1938 年から敗戦まで東亜同文書院大学は現在の上海交通大学の徐匯校舎（上海市徐滙区）にありました。つまり、さきほど張雲銘君が上海交通大学校史博物館で見てきたストーリーにつながっていくのです。

愛知大学創立者　本間喜一

愛娘の殿岡晟子さんと

東亜同文書院大学と愛知大学

そこで、なぜ愛知県で愛知大学という名前になったのでしょうか。実は、この愛知という言葉は、地名ではありません。愛知県にあるから愛知大学ではないのです。それはこの大学をつくったときの趣旨というか、理念にもとづいたものです。すなわち、「知を愛する」大学であり、地名ではありません。愛知大学はいまだにそういう解釈になっているはずです（資料 2 「愛知大学設立趣意書」p. 167 を参照）。

ここでは、皆さんにひとつ貴重な映像をお見せしたいと思います。これは恐らく日本で初めて東亜同文書院を取り上げた大変貴重な映像です。NHK 名古屋特別番組『上海・幻の名門校—東亜同文書院生の軌跡から』というタイトルで、1995 年 4 月 29 日に放送されたものです。

この中で取り上げられた話題は、若い皆さんにとっては少し重いかもしれません。

先ほど紹介したように、東亜同文書院大学最後の学長である本間喜

愛知大学東亜同文書院大学記念センター提供

一先生はまた、愛知大学の創立者でもあります。名古屋校舎講義棟の2階の通路に本間学長の胸像があります。1946年3月、本間先生は上海から引き揚げてきた教員や学生を引率して、日本に戻ってきました。上海で幕引きをした東亜同文書院大学の最後を見届けて、また、様々な戦後処理を行ってから日本に帰ってきました。それから8か月後の1946年11月に、愛知大学の創立を実現しました。この時、東亜同文書院大学を運営した東亜同文会はすでに解散しており、本間先生は何ら後ろ盾もない状態で大学を創設されたのです。本間先生は実に大変パワフルでエネルギッシュな方だったのです。

本間先生の新大学の設立候補地は温泉の町・別府や鎌倉などもあがったそうです。最後に愛知県の豊橋に決まったのは、これも本当に偶然中の偶然であって、たまたま設立準備委員の中に愛知県出身の同文書院関係の教授がいたからです。

愛知大学の豊橋校舎は実に100年以上の歴史をもつ、非常に立派なものです。松の大木が多く、四季折々に桜や紅葉があったりして、非

愛知大学東亜同文書院大学記念センター（旧本館）

常に情緒のある伝統的なキャンパスです。そこは実はもともと陸軍第15師団の司令部でした。豊橋には時習館高校があり、そこも含めて全部第15師団の駐屯地だったのです。

その後、1920年代に「宇垣軍縮」というのがあって、第15師団は軍縮の対象になり、廃止されました。そこで豊橋校舎の司令部は、陸軍予備士官学校になりました。第二次世界大戦の敗戦により、日本の陸軍はなくなりましたので、当然、陸軍の学校も閉鎖されました。けれども陸軍の学校でしたので、そこには教室があり、また寮もあって学生が生活できるので、大学の校舎として使えたわけです。

豊橋市と地元財界、市民が多方面から協力し、元東亜同文書院の教員と学生を迎えてくれたので、この豊橋校舎に新生愛知大学が誕生することができました。創立記念日は大学令による設立認可が下りた1946年11月15日です。吉田茂内閣総理大臣からの上奏により、昭和天皇による押印のうえ、「旧制大学」に認可され、日本で第49番目の「旧制大学」として開学しました。

愛知大学初代学長に元慶応義塾大学塾長で東亜同文会理事であった林毅陸博士が迎えられました。林先生は欧州外交史研究の先駆者として、第一次世界大戦の講和会議であるベルサイユ会議に日本首席全権の西園寺公望元首相に同行して参加し、また、アメリカ主催のワシントン会議の全権委員

初代学長　林 毅陸

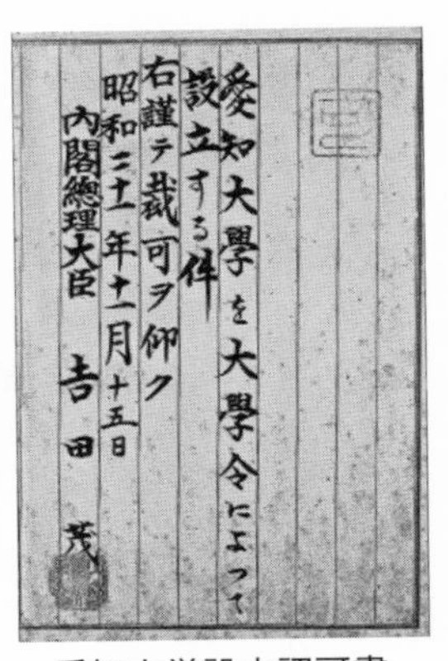

愛知大學を大學令によって
設立する件
右謹テ裁可ヲ仰ク
昭和二十一年十一月十五日
内閣総理大臣　吉田茂

愛知大学設立認可書

に随行するなど、海外で活躍する大正・昭和時代の国際人でした。「国際的教養と視野を持ち、新日本の建設に適する人材」を育てようとする新生愛知大学の顔として初代学長にふさわしい方でした。

愛知大学は元東亜同文書院の教員や学生だけでなく、現在の韓国にあった「京城（けいじょう）帝国大学」や台湾にあった「台北（たいほく）帝国大学」など戦前外地にあった日本の高等教育機関の教員と学生も集う学校でした。彼らも東亜同文書院と同じく敗戦によってキャンパスを失い、学生は学業の中断を余儀なくされていたのです。さらに、東北帝国大学や九州帝国大学、東京商科大学（現一橋大学）の教員を招聘し、大都市にしか大学がなかった当時において、一地方都市である豊橋に全国レベルの法文系大学を設立したのです（表 1 参照）。

このように、中国や台湾、韓国から引き揚げてきた教授や学生たちも受け入れて、一緒になってつくったのが愛知大学でした。愛知大学は非常にダイナミックな歴史をもつ大学なのです。

ちなみに、現在の台湾大学は「台北帝国大学」の資産と流れを引き継いでいると言っていますが、それとは対照的に、韓国のソウル大学は「京城帝国大学」との継承関係を明確に否定しているそうです。この辺りは、東アジアの近現代史の複雑さがあらわれているといえるでしょう。

表１　愛知大学創立時の顧問・教授及び転入予科生の状況

５人の顧問

氏名	経　歴
三淵　忠彦	東京帝国大学入学、京都帝国大学卒業。三井信託銀行法律顧問・慶應義塾大学講師兼任、最高裁判所初代長官
高野岩三郎	東京帝国大学卒業。社会運動家、統計学者、第１回国勢調査実施。戦後、日本放送協会（現 NHK）初代会長
長谷川如是閑	本名・長谷川万次郎　東京法学院（中央大学の前身）卒業。日本新聞社を経て大阪朝日新聞社。明治･大正･昭和にわたるジャーナリスト。 新聞記者･評論家･作家
安倍　能成	東京帝国大学卒業。法政大学教授、京城帝国大学教授。貴族院議員、文部大臣、学習院院長
田中耕太郎	東京帝国大学卒業。第１次吉田内閣文部大臣、最高裁判所第２代長官。貴族院議員、参議院議員。1946年11月３日公布の「日本国憲法」に文部大臣として署名。本間喜一と一高・東京帝大の同級生。

60人の教授

前職学校名	教授陣
東亜同文書院大学　12人	学長・林　毅陸…東亜同文会理事、元慶應義塾大学塾長、元東京商科大学講師
京城帝国大学　11人	予科長・大内武次…京城帝国大学法文学部長（予科開講3日前に急逝） 後任に京城帝国大学・松坂佐一教授
その他大学　34人	台北帝国大学　東北帝国大学　九州帝国大学　東京商科大学　大原社会問題研究所　満洲法政大学　北京工業専門学校　他

※注：愛知大学予科設立は1946年11月15日、学部開設は1947年４月。

設立時の予科への転入者は404人

出身校	1年次	2年次	3年次	合計
東亜同文書院大学	54	37	66	157人・39%
その他国内外	134	73	40	247人・61%
合計	188人	110人	106人	404人・100%

※注：試験日は1年次・1946年12月8日　2年次・12月9日　3年次・12月10日、受験生490人。会場：愛知県豊橋公会堂、合格発表：12月13日。

国内外80校から予科生404人が集う

①海外からの転入生は30数校から約220人（推定）

中国本土	東亜同文書院大学　北京経済専門学校　北京工業専門学校　北京大学　南京大学　北京興亜学院　他
旧満州	建国大学　哈爾濱学院大学　満州師道大学　満州製鉄学院大学　満州医科大学　哈爾濱工業大学　南満州工業専門学校　満州農業大学　新京畜産獣医大学　新京工業大学　新京法政大学　満州軍官学校　他
旧関東州	旅順高等学校　旅順工科大学予科　大連高等商業学校（大連経専）他
朝鮮半島	京城帝国大学予科　京城経済専門学校　京城法律専門学校　他
台湾	台北帝国大学予科　台北高等学校　台北経済専門学校　台中師範学校　台中農林専門学校　他

②国内からの転入生は約40数校から約180人（推定）

高等学校	第五高等学校　第六高等学校　第八高等学校　松江高等学校　松山高等学校　東京高等師範学校　高等商船学校　慶應義塾大学高等部　早稲田高等学院
大学予科	神宮皇學館大学　同志社大学　立命館大学　中央大学　明治大学　日本大学　拓殖大学　他
専門学校	名古屋経済専門学校　名古屋高等工業学校　愛知第一師範学校　愛知第二師範学校　他
軍関係校	陸軍士官学校　海軍兵学校　陸軍経理学校　海軍経理学校　陸軍航空士官学校　陸軍幼年学校　他

出典：愛知大学小史編集会議 編『愛知大学小史―60年の歩み―』（梓出版社、2006年）、藤田佳久『日中に懸ける　東亜同文書院の群像』（中日新聞社、2012年）、和木康光『知を愛し人を育み　愛知大学物語』（中部経済新聞社、2012年）、『愛知大学設立10周年記念誌』、『愛知大学設立20周年記念誌』、『愛知大学同窓会40周年記念誌』（いずれも非公刊）、個別情報の積み上げによる。

Ⅲ. 書院の中国研究とその成果

愛知大学国際中国学研究センター（ICCS）と米国

実は、名古屋に来る新幹線の中で、ヴォーゲル先生には東亜同文書院と満鉄調査部の関係についても聞かれました。東亜同文書院を卒業して満鉄調査部に入った人もかなりいました。また、書院生の中にも満鉄から派遣した学生（学費と奨学金を提供する）もほぼ毎年のようにいて、比較的に関係が深かったといわれています。

例えば、私がいま担当しているこの「中国経済論」という講座です。大学の経済学部の中に「中国経済論」という専門の講座があるのは、愛知大学が日本で最初です。この講座ができたのは1950年代後半だそうです。日中国交正常化が実現されたのは1972年ですから、それよりもかなり前になります。

この講座を担当する教授は、私が3代目ですが、初代の教授は野間清（のまきよし）先生といって、彼は満鉄調査部の出身であり、農業経済学の専門家です。野間先生は満鉄調査部で長年働いていて、満鉄調査部の有名な中国研究プロジェクトである「中国慣行調査」の企画立案を担当していたそうです。また、敗戦後も中国にとどまって、中国では土地改革のアドバイザーを務めていたと伝えられています。1950年代に日本に引き揚げて、しばらくして愛知大学の教授に迎えられました。満鉄との関係でこの例を挙げて、ヴォーゲル先生に伝えたところ、先生もびっくりしました。

「中国経済論」講座の2代目の教授は、嶋倉民生（しまくらたみお）先生といって、私の前任者です。日中国交正常化の前に、北京には「日中覚書貿易事務所北京連絡所」があって、嶋倉先生は北京に駐在して日本側の首席代表である岡崎嘉平太先生の補佐役を務めていたのです。日中国交正常化をめぐって、周恩来首相には何度も会っていたそうです。

この「日中覚書貿易」というのは、1962年に日本と中華人民共和国との間で交わされた「日中長期総合貿易に関する覚書」に基づいて、互いの連絡事務所を設置し、政府保証の融資を利用して行われた半官半民的な貿易形態を指しています。当時は両国間の正式な国交はありませんでした。この覚書に署名した中国側代表廖承志（Liào Chéngzhì、元中日友好協会会長）と日本側代表高碕達之助（元通産大臣）の頭文字であるLとTをとって、「LT協定」とよばれ、この貿易形態は有名な「LT貿易」ともよばれています。

ヴォーゲル先生の本の中にも、このことについて詳しく述べられており、「東京と北京に互いに設置されたLT貿易連絡事務所が、両国の交流を促進する準政府機関となった。」と書かれています（第9章）。要するに、日中両国の間に大使館が設置されていなかった時代に、LT貿易連絡事務所はそれに代わる準政府機関の役割を果たしていました。

日中国交正常化は1972年に田中角栄首相の訪中によって実現されましたが、嶋倉先生のような先駆者たちの努力の積み重ねの結果と言ってもよいでしょう。また、「中国経済論」という中国専門の講座があるのは、日本では愛知大学が一番古く、おそらく世界的に見ても相当早いほうだと思います。愛知大学の中国研究は、やはりそういう長い歴史の延長線上にあるのです。

ヴォーゲル先生の講演会の冒頭に、私が少し話しましたが、愛知大学は、2002年に文部科学省「21世紀COE（Center of Excellence）プログラム」（「卓越した研究拠点」の意）の採択を受けて、5億円の助成金を受けて、現代中国学の国際的な研究教育機関として「国際中国学研究センター」（International Center for Chinese Studies、略称 ICCS）を立ち上げました。当時、私は 13 人からなる COE プログラム申請チームの一人として、設立当初から ICCS に加わり、それ以来ずっとこの研究センターの仕事を手伝ってきました（資料 3 「愛知大学国際中国学研究センターの概要」p. 171 を参照）。

私は ICCS 事業推進委員会のアメリカ部会に入っていたので、米国の中国研究の拠点校と研究交流ネットワークを構築するために、2003 年に 2 回にわたって、米国の 9 つの大学を訪問しました。

1 回目は 2003 年 3 月に、アメリカ西海岸のカリフォルニア大学バークレイ校とロサンゼルス校（UCLA）、スタンフォード大学、ワシントン大学とハワイ大学を訪問し、2 回目は 9 月に、ミシガン大学とシカゴ大学、プリンストン大学とハーバード大学を訪問しました。

訪問先は主に各大学の中国研究センターもしくは東アジア研究センターや関連学部、およびアジア図書館などでした。これらの研究機関には愛知大学が編纂した『中日大辞典』や学術誌『中国 21』の中国語版などを贈呈してきました。

その中で、三つの大学と協定を結んできました。すなわち、カリフォルニア大学バークレイ校と UCLA、ハワイ大学と交流協定を正式に締結して、これらの大学の教授を ICCS 訪問教授として愛知大学大学院で授業を担当してもらったり、共同研究をしたり、あるいは相互に学術会議に招聘したりして研究交流を重ねてきました。

アメリカのほかにも、例えば、イギリスのロンドン大学やロンドン・スクール・オブ・エコノミクス（LSE）、アジアではシンガポール国立大学や香港大学、香港中文大学、中国本土では北京大学や清華大学、浙江大学、復旦大学などと交流協定を締結し、各種学術交流を展開してきました。また、更なる国際展開の一環として、2004 年に中国人

愛知大学編纂『中日大辞典』

学術誌『中国 21』

民大学（北京市）と南開大学（天津市）の 2 大学内に在中国研究教育拠点（サブセンター）を設置しました。

その中でも特に、2004 年から中国人民大学と南開大学との間で大学院中国研究科と一緒に「博士課程二重学位制」（Dual Degree Program、中国語：博士双学位項目）を導入しました。具体的には、相互の長期留学や単位の共通化を通じて、大学院生が日中双方の大学にそれぞれ内容の違う博士論文を提出し、しかるべき審査に合格すれば、日中双方の博士号が取得可能になるという国際教育システムを構築しました。過去 16 年間で 80 名以上の大学院生が日中両方の博士号を授与され、日中両国における先駆的な取り組みとして注目されています。

その中で注目すべき点は、その博士号の種類です。愛知大学が授与する学位は「博士（中国研究）」というものであり、これは日本のみならず、世界でもただ 1 つしかない学位です。これは 1994 年に日本の文部省（現文部科学省）が愛知大学大学院中国研究科の申請に対して特別に認可したものです。また、この大学院中国研究科と現代中国学部も日本もしくは世界でも1つしかない中国専門の一貫した教育機関です。

米国における東亜同文書院大学と『中日大辞典』

ところで、アメリカの大学でアジア図書館を訪問した際に、予期せぬ発見がありました。例えば、訪問したミシガン大学アジア図書館には、『東亜同文書院大旅行誌』と『中国調査旅行報告書』、『支那省別全誌』のマイクロフィルム版が収蔵されています。愛知大学は、1996年に創立50周年の記念事業として、『中国調査旅行報告書』(全132リール)を雄松堂から出版しました。さらに10年後に、愛知大学創立60周年の記念事業として『東亜同文書院大旅行誌』(全33巻)の復刻版を同じ雄松堂から出版しました。

実は、ミシガン大学を訪問した際に、日本書コレクション館長のKenji Niki(仁木賢司)さんに会っていろいろお世話になりました。彼とはその後も交流が続いており、彼はいま日本に戻って神戸に住んでいます。今回、仁木さんはわざわざ名古屋に来られ、ヴォーゲル先生の講演会に参加されました。

ミシガン大学アジア図書館にて
(左から山本一巳教授、李春利と仁木賢司氏、2003年9月)

さきほども少し触れましたが、米国もしくは世界の中国研究の分野では、戦前の中国調査資料といえば、もっとも有名なのは満鉄調査部が行った「中国慣行調査」の資料です。満鉄調査部資料

愛知大学東亜同文書院大学記念センター所蔵

は世界的に評価され、欧米の一流大学や公立の図書館に収蔵されています。それと並んで、東亜同文書院の中国調査報告書と関連資料は、清朝末期から民国期にかけて20世紀前半の中国社会経済に関する日本発の貴重な第一次調査資料です。東亜同文書院の中国調査資料の研究と発掘はまだ始まったばかりですが、その重要性についてはだんだん認識され、権威のある資料として注目されています（李春利「米国における『東亜同文書院大学』と愛知大学『中日大辞典』― ICCS10周年に寄せて―」、愛知大学国際中国学研究センター編『ICCS設立10周年記念誌』、2013年3月を参照）。

これらの調査報告書を基に刊行された東亜同文書院の有名な研究成果としては、例えば、東亜同文会が編集した『支那省別全誌』（全18巻）、『支那経済全書』（全12巻）、『新修支那省別全誌』（全9巻）、『東亜同文書院中国旅行調査記録』（全5巻）などがあります。いずれも愛知大学図書館に収蔵されています。

2005年、ICCSが獲得した文部科学省21世紀COEプロジェクトの一環として、『支那省別全誌』、『支那経済全書』と『新修支那省別全誌』全39巻の全文データベース化が、日立一紀伊国屋による共同事業のもとで実現できました。このデータベースの完成によって、キーワードによる全39巻の目次と全文の横断検索が可能になり、現在は愛知大学ICCS現代中国学総合データベースに収録されています。

米国でもいち早く東亜同文書院の中国調査資料の史料価値が注目され、事業化されました。『支那省別全誌』全18巻は、実に50年以上前の1960年代に米国のUMI社によってマイクロフィルム化されました。北米では、『支那省別全誌』は米国議会図書館、ミシガン大学とカナダのブリティッシュ・コロンビア大学（バンクーバー）にも保存されています。さらに、『中国調査旅行報告書』など東亜同文書院関連資料はワシントンの米国国立公文書館にも保存されているといわれています。国立公文書館は、トーマス・ジェファーソン（Thomas Jefferson）が起草したアメリカの独立宣言の原文が保存されていることなどで有名です。

そのほかに、スタンフォード大学東アジア図書館にも『東亜同文書院中国調査旅行報告書』マイクロフィルム版が収蔵されています。さらに、元ICCS環境部会主査であり、愛知大学名誉教授の藤田佳久先生がまとめた有名な『東亜同文書院・中国調査旅行記録』シリーズ、すなわち『中国との出会い』（第1巻）、『中国を歩く』（第2巻）、『中国を越えて』（第3巻）、『中国を記録する』（第4巻）、（いずれも大明堂）および『満州を駆ける』（不二出版）などが同じ図書館に収蔵されています。

ちなみに、藤田先生もヴォーゲル先生の講演会に参加し、自分の著書をヴォーゲル先生に贈呈しました（巻頭カラーページ参照）。また、愛知大学が半世紀以上にわたって編纂し続けた有名な『中日大辞典』（第3版）もヴォーゲル先生に贈呈されました。この『中日大辞典』は、ミシガン大学のほかに、プリンストン大学東アジア図書館やハーバード・イェンチン図書館（Harvard-Yenching Library）などでも発見

プリンストン大学東アジア図書館にて発見されたボロボロの『中日大辞典』初版（1968 年刊行、右から二冊目）

ハーバード・イェンチン図書館にて（右側スレスキー博士が手にしているのは『中日大辞典』増訂第二版、1987 年刊行）

されました（中日新聞／東京新聞記事「辞書が介したピンポン外交」pp.123 ～ 125 を参照）。

米国との関連でいえば、実は『中日大辞典』の編纂過程において、世界最大規模といわれるアメリカの慈善事業団体である「ロックフェラー財団」（The Rockefeller Foundation、1913 年ジョン・ロックフェラーにより創設）から二度にわたり寄付と支援の申し出がありました。

1回目は1952年4月に、同財団人文学部門次長を務めるチャールズ・ファーズ博士が愛知大学を視察し、半年後に「中国に関する欧米出版図書購入補助金」として1,000ドル寄付の申し出があり、愛知大学はこれを受け入れました。

2回目は5年後の1957年7月に、同財団理事が再び来訪し、「華日辞典編纂処」（中日大辞典編纂所の前身）などを視察し、「日本で愛知大学ほど中国研究が進んでいるところはない」と評価し、さらなる寄付と支援を申し出たといわれています。ところが、東西冷戦の真最中で、愛知大学関係者は真剣に検討した結果、2回目の支援を遠慮するという回答を選んだと伝えられています（和木康光『知を愛し人を育み　愛知大学物語』中部経済新聞社、2012年、第Ⅲ章を参照）。

ところで、中国では近年、東亜同文書院の中国研究の成果と『東亜同文書院中国調査報告書』に対する関心が急速に高まってきています。報告書の大半は愛知大学豊橋図書館で保存されており、元は手書きの原稿でした。一部の原稿は、中国の国家図書館に保存されています。2016年、中国の国家図書館出版社は『東亜同文書院中国調査手稿叢刊』（1927～1943年）と題した分厚い叢書200冊を出版し、手書きの原稿を全部写真に撮って復刻版を作ったそうです。さらに、2017年に

『東亜同文書院中国調査手稿叢刊続編』（1916 ～ 1926 年、馮天瑜主編）と題した 250 冊の続編も出版されました。両書は合計で 450 冊という膨大な叢書となり、中国調査報告書の全文が収録されるようになり、今市販されています。

また、『支那省別全誌』も『中国省別全志』（全 50 冊）と改題されて、2015 年に同じ出版社より出版されました。『支那経済全書』も『中国経済全書』（全 12 巻）と改題されて、1989 年に中国南天書局より出版されました。さらに、中国ではそれらの復刻版をベースにした研究と翻訳も進んでおり、2020 年に北京大学の教授たちを中心に編纂された『東亜同文書院対華経済調査資料選訳（1927 ～ 1945 年）金融巻』（周建波主編、中国社会科学文献出版社）も出版され、私も監修者として編集チームに加わりました。

中国調査旅行と『東亜同文書院大旅行誌』

『東亜同文書院中国調査報告書』は、毎年のように出され、実に約 40 年間も続きました。合計約 4,500 人の書院生が中国調査に参加し、毎年のように報告書を書き続けました。なぜこれだけ長く続いたかといいますと、実は、これは学生たちの卒業論文なのです。

同文書院の学生たちは卒業論文、つまりこの報告書を書くために長くて半年、短くて3カ月の現地調査が必修科目として義務付けられています。実際、5～6人で1つの調査班を作って、毎年10～20ぐらいの班を編成して、自分の行きたい所に調査に行けます。交通手段としては、鉄道や船のあるところはまだいいですが、それが整備されていないところでは、馬に乗ったり徒歩で行ったりして、遥か中国大陸の隅々まで旅行していたそうです。

これは書院の看板になる調査活動となり、一般的に「大旅行」とよばれて、若い学生たちの憧れの的になっています。いまから100年以上も前から始まった活動ですが、現在から見ても、実にロマンチックなアドベンチャー旅行のようなものでした。

学生たちは同文書院の経済地理学の教授の指導の下で、出発前に調査計画書を書いて関連の資料を収集し、調査旅行に備えていたそうです。さらに、中国各地での調査旅行の途中に毎日のように必ず旅日記を綴っていました。これらの膨大な旅日記と紀行文から抜粋して出版されたのは、『東亜同文書院大旅行誌』（1908～1943年）です。それはなんと33巻も出版されており、総計では15,000ページを超えています。そのすべては中国に関する生の記録ですから、中国旅行記録の集大成と言っても過言ではありません（付録「オンデマンド版 東亜

同文書院大旅行誌」、本書 pp. 88 〜 91 を参照)。

日誌風の『東亜同文書院大旅行誌』は、中国調査報告書とはやや趣旨が違うので、より生き生きと中国社会の実情を伝えています。それぞれの研究テーマは、例えば、産業、金融、貿易、交通、都市、農村、人口、民族などといったように、実に多種多様であるので、その史料価値が高く、いまは世界的に注目されている資料です。

実は、私は長い間、愛知大学の授業で『大旅行誌』の一部を授業資料として使ってきました。せっかくの機会なので、ここではひとつの例をあげましょう。

この教室の中には、たぶん『三国志』のファンがいるでしょう。実は私も熱烈な『三国志』ファンであり、漢字が読める前から『三国志』の絵本を満喫していました。書院生のひとつの班が、諸葛孔明の南征ルート、つまり今の雲南省からミャンマー（当時はビルマ）にいたる険しい山道を踏破したのです。

『三国志演義』の中には、「孟獲」(Mèng Huò) という少数民族の勇猛なリーダーがいました。日本では、有名な 3D アクションゲーム「真・三國無双」のキャラクターの 1 人にもなっています。孟獲は諸葛亮の前に 7 回も捕まるが、その度に放されました。それが有名な「七縦七擒」の逸話になって、『三国志演義』のハイライトのひとつにもなっています。

その道は、実は第二次世界大戦時に、ミャンマーから中国の雲南省にいたる有名な「援蔣ルート」(蔣介石を支援する道) でもあります。

私の授業で使った旅行記の一つは、『天竺遊記』といいます (『東亜同文書院大旅行誌』第 20 巻、第二十五期生『線を描く』に所収)。著者の一人は安澤隆雄さんといって、東亜同文書院 25 期生（1925 〜 1929 年在学）でした。彼は明治生まれですが、2006 年には 100 歳の誕生日を過ぎた直後に愛知大学豊橋校舎に招かれて、講演しました。講演のテーマは『東亜同文書院とわが生涯の 100 年』。後に、その講演録は愛知大学東亜同文書院ブックレット第 1 号として出版されました。幸いなことに、私もその講演会に参加し、『天竺遊記』を執筆した元気な 100 歳の書院生をじかに見ました。

安澤さん一行 7 人は、1928 年（昭和 3 年） 6 月に上海を出発して海路で香港、海南島からベトナムのハイフォンに上陸し、そして、ハノイから雲南府昆明市にたどり着いた。そこから約 40 日をかけて、馬や徒歩であの「諸葛孔明南征ルート」を踏破したのです。彼らは中国とミャンマーの国境を越えて、マンダレーとヤンゴンに行きました。さらに、マレーシアのペナン島からシンガポールに入り、そこから香港経由で上海に戻ったのです。安澤さんたちが書いた紀行文『天竺遊記』を愛知大学の学生たちと一緒に読むと、実に波瀾万丈なアドベンチャー旅行でした（安澤隆雄作成「東亜同文書院 25 期生　大旅行ビ

『天竺遊記』

『東亜同文書院と我が生涯の 100 年』
ポスター

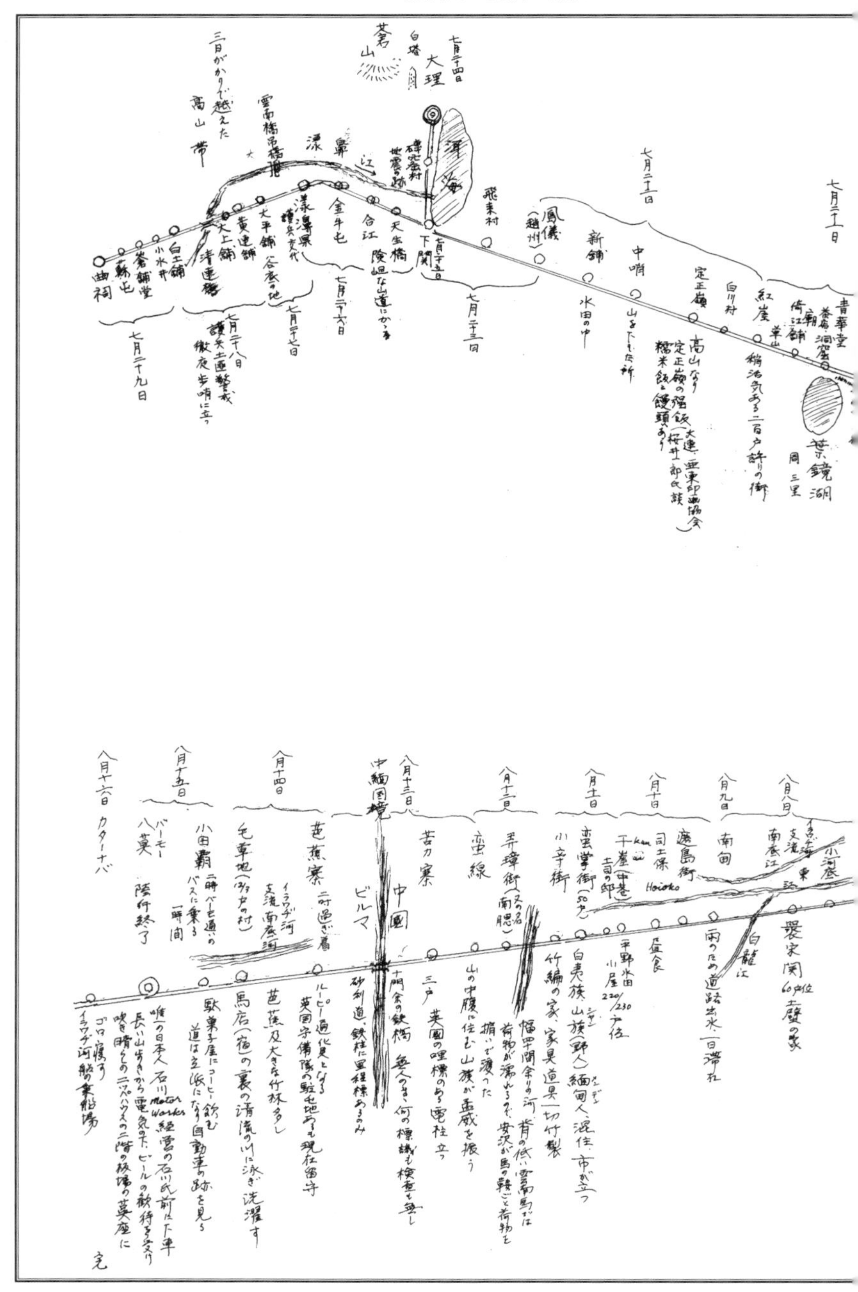

東亜同文書院25期生 大旅行
ビルマルート踏破記録

＊安澤隆雄氏による大旅行行程図

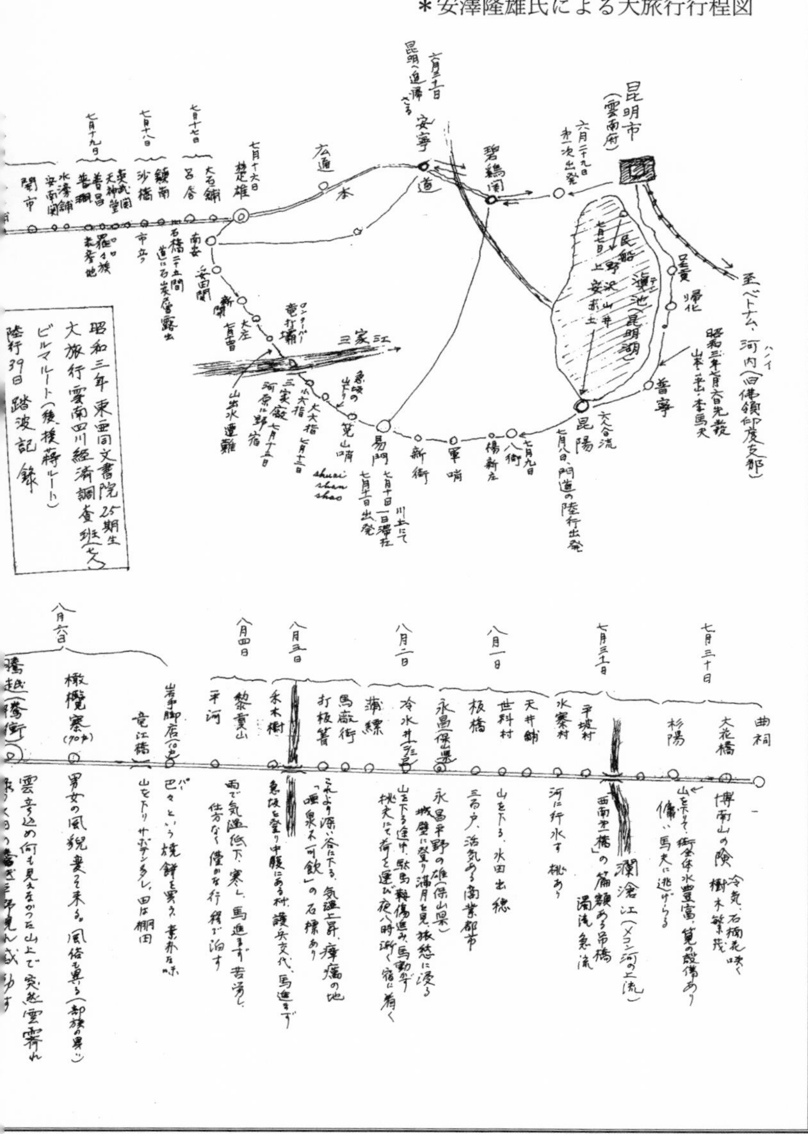

『大旅行誌』に孫文が寄せた揮毫（愛知大学所蔵）

ルマルート踏破記録」行程図を参照）。

『天竺遊記』の中には、安澤さんが手書きで書いた「ビルマルート踏破記録」の地図が載っていました。そこには、なんと「“啞泉不可飲”の石標あり」（啞になる泉 飲むべからず）と記されているのを発見しました。これこそ『三国志演義』の中で、諸葛孔明が率いた蜀の軍を苦しませた厳しい自然環境のリアルな記録であると分かったのです。その地図を初めて見たとき、『三国志演義』を読んだ時の記憶が一瞬にしてよみがえり、驚きを通り越して素直に感動しました。

講演会の前に、安澤さんは愛知大学東亜同文書院大学記念センターを見学し、80 年前に上海で自分が手書きで書いた調査報告書の原稿や地図、スケッチなどの現物に再会し、感無量な様子でした。彼はとっくに紛失していたと思っていたので、奇跡的にも全部愛知大学に残っていたと、講演時に熱っぽく語っていました。

書院生は流暢な中国語が話せるだけではなく、漢詩も作れます。それが『大旅行誌』の中に頻繁に出てきます。若き日本人学生がよくもここまで素敵な漢詩を作り、しかも中国語で詠んでも韻を踏んでいることに驚きました。漢詩が作れるということは、当時日本の知識人にとって一つの教養だったようです。

東亜同文書院生の大調査旅行は、5 期生から始まったといわれています。例えば、1907 年（明治 40 年）の 1 回目の大調査旅行に参加した書院生たちは、中国きっての日本留学奨励派である湖広総督・張之洞（前掲、有名な『勧学篇』の著者）や両江総督・端方（たんぽう）（Duān

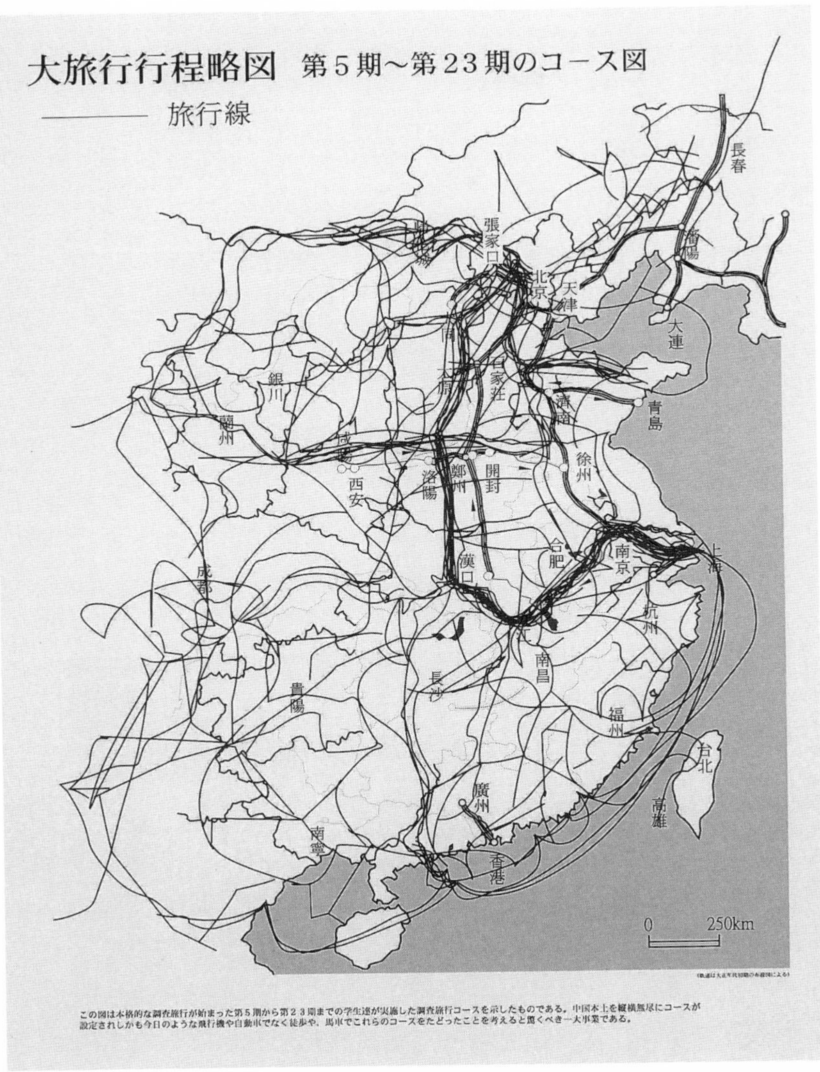

愛知大学東亜同文書院大学記念センター所蔵

Fāng）を訪問し、歓迎と協力を受けるなど、当初からの意識の高さが窺えます。若い書院生たちが中国トップクラスの実力者たちに面会できたのは、その数年前に他界した近衛篤麿の誼みが伝わったからかもしれません。

大調査旅行の総コース数は700以上にのぼり、約4,500人の学生が参加したといわれています。このような大調査旅行は、世界の大学や教育機関をみても類をみず、世界最大規模の組織的なフィールドワークといっても過言ではありません。その範囲も中国大陸のみならず、東南アジアやモンゴル、遥かシベリアにさえ及んでいました（「大旅行行程略図」参照）。

『東亜同文書院大旅行誌』の復刻版は、愛知大学図書館に収蔵されているだけではなく、海外の大学にも2セット贈呈されました。アメリカのシカゴ大学図書館と中国の北京大学図書館に1セットずつ贈呈されました。それはこれまで両大学との研究交流の延長線上にある交

愛知大学ICCSと北京大学中国経済研究センター調印式
（北京大学国家発展研究院にて、2011年5月）

流活動です。例えば、ICCSはこれまで北京大学の経済学院と国家発展研究院中国経済研究センターと正式に交流協定を結んでおり、教育研究面の交流を盛んに展開しています。

愛知大学のルーツとされる東亜同文書院大学は、なぜ「幻の名門校」とよばれていたのか。なぜ日本では愛知大学だけに「現代中国学部」があるのか。このような質問はアメリカでも中国でも繰り返し聞かれました。ヴォーゲル先生は講演の最後に、「素晴らしいことに、今日私が愛知大学で見ていると、日本と中国に関連する研究や教育など各種交流事業が盛んに行われています。」とわざわざ触れました。愛知大学の中国研究は、そのような長い歴史と伝統、それから中国との深いつながりがあってこそ実現できたものです。

(完)

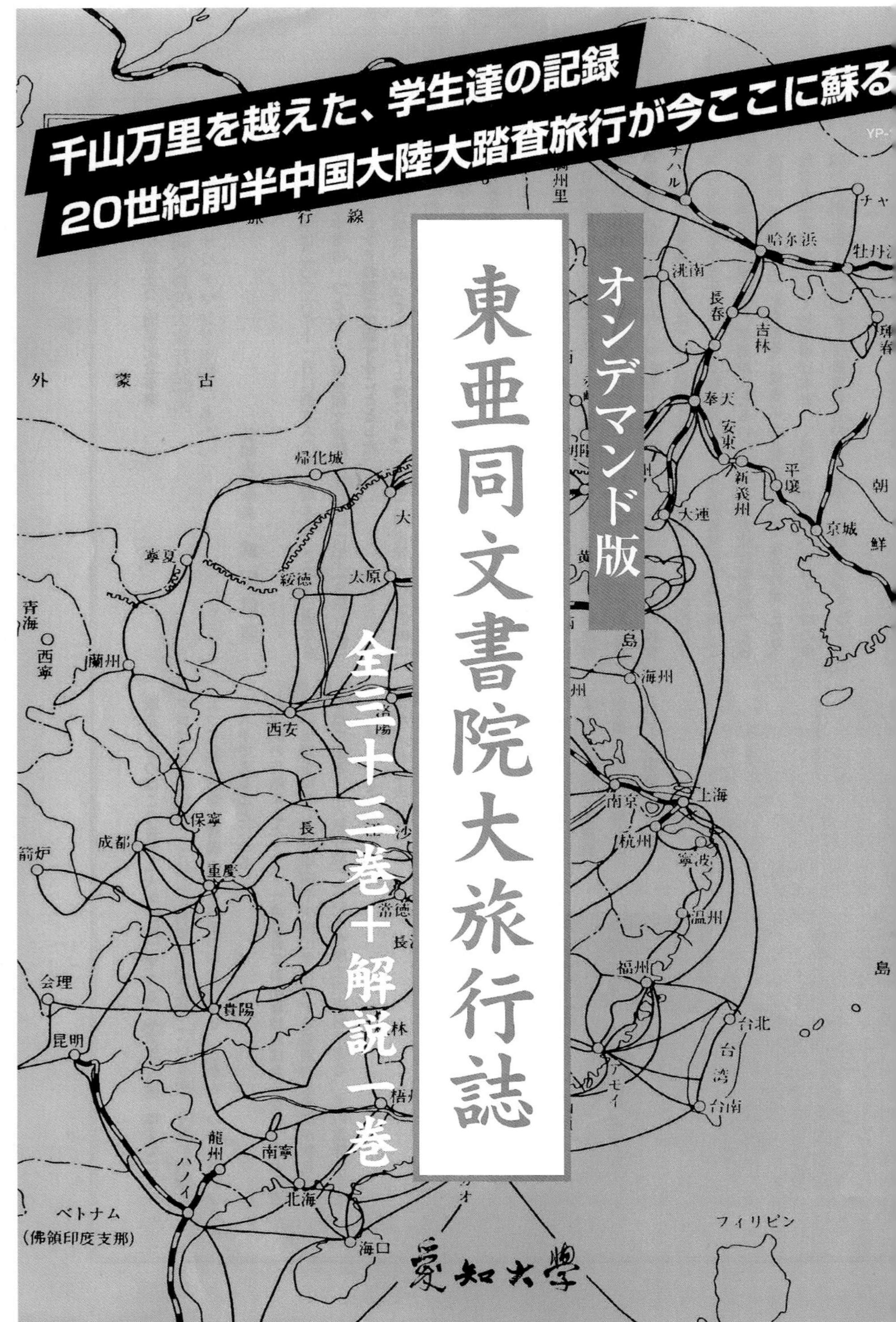
千山万里を越えた、学生達の記録
20世紀前半中国大陸大踏査旅行が今ここに蘇る
オンデマンド版
東亜同文書院大旅行誌
全三十三巻＋解説一巻
愛知大學
外蒙古
帰化城
寧夏
綏徳
太原
青海
西寧
蘭州
西安
保寧
成都
箭炉
重慶
常徳
会理
貴陽
昆明
龍州
南寧
北海
海口
ベトナム
(佛領印度支那)
ハルビン
哈尔浜
洮南
長春
吉林
奉天
安東
新義州
平壌
京城
大連
海州
南京
上海
杭州
寧波
温州
福州
アモイ
台北
台湾
台南
フィリピン

『東亜同文書院大旅行誌』とは

愛知大学東亜同文書院大学記念センター
運営委員長 藤田佳久

日中の優秀な人材を育てた東亜同文書院

東亜同文書院は、1901年に日中貿易の実務担当者および日中提携の人材を養成するビジネススクールとして上海に誕生した。日清戦争後、中国に対するイデオロギー的関心が高まり、様々な政治団体が結成されたが、それとは趣を異にし、日中の具体的相互理解をめざし教育文化交流事業を行った団体、東亜同文会によって設立された。その特色は徹底した中国語教育と実地調査であり、最終学年の中国国内長期踏査旅行『大旅行』の発展とともに、次第にアカデミックな性格を増し、1939年に大学に昇格した。第2次世界大戦後は閉学を余儀なくされたが、1946年愛知大学として再生され、現在にいたる。同大学では東亜同文書院大学記念センターを設置し、当時の詳細な資料を展示している。

20世紀前半中国の多面的なドキュメント

当時の中国は清朝末期から民国時代にあたり、現代中国の基礎を形成することになった混乱期にあたる。その時期に系統的組織的に半世紀に及んだ中国調査研究が行われたことは、他に例がなく、地域調査の規模も世界最大級であり、高く評価されてよいと思う。また「大旅行」は、その内容から五期に分けることができる。第1期生～第4期生の修学旅行的な模索期、第5期生～第16期生の前人未到のコースを求めての拡大期、第17期生～第28期生の研究テーマを設定して深化をみせた円熟期、満州事変による日中間の緊張の中で次第に制約を受けた第29期生以降の制約期、大学昇格にもかかわらず、臨戦体制下で次第に調査旅行が難しくなった第38期生以降の衰退・消滅期である。今回出版される「東亜同文書院大旅行誌」は、第5期の拡大期から第40期の衰退期までほぼすべてを網羅している。また「大旅行」の記録には、卒業論文にもなった「調査旅行報告書」と日誌風の「大旅行誌」があるが、構えずに書かれた大旅行誌の方がより生き生きと中国の実情を伝えている。研究テーマは、産業、交通、人口、教育、社会組織、災害など多岐に渡り、史料的な価値が非常に高い。転換期を迎えている現在の中国を理解する上でも、大いに役立つと思われる。

オンデマンド版

東亜同文書院大旅行誌

全33巻＋解説1巻

B５判

大旅行誌定価 上製 9,240～13,650円 ／ 並製 6,300～9,870円
解説巻定価 上製 8,400円（予価） ／ 並製 6,300円（予価）

● 解説巻『東亜同文書院大旅行誌解説』は、藤田佳久（愛知大学東亜同文書院大学記念センター運営委員長）が執筆。
●オンデマンド出版のため、ご注文いただいてから発送までに２～３週間かかりますことをご了承ください。
●ご注文は最寄りの書店にお申し込みいただくか、または小社ホームページでも承ります。

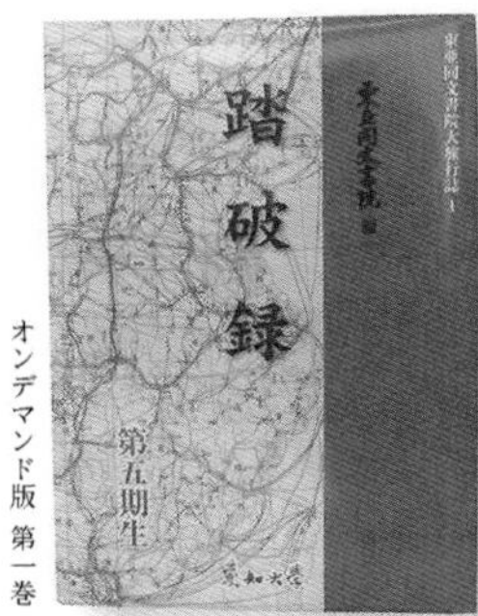

オンデマンド版 第一巻

<お問い合わせ先>

発行 愛知大学
〒441-8522 愛知県豊橋市町畑町字町畑1-1
TEL: 0532-47-4181 FAX: 0532-47-4182 URL: http://www.aichi-u.ac.jp/

制作・発売 雄松堂出版
〒112-0012 東京都文京区大塚3-42-3
TEL: 03-3943-5791 FAX: 03-3943-6024 URL: http://www.yushodo.co.jp/press/

取扱書店

YP-104（6000Mar06）

各巻詳細

書名		執筆者	刊行年	定価（上製）	ＩＳＢＮ（上製）	定価（並製）	ＩＳＢＮ（並
第１巻	踏破録	第５期生	明治41年	9,240円	4-8419-3045-0	6,300円	4-8419-308
第２巻	禹域鴻爪	第６期生	明治42年	9,240円	4-8419-3046-9	6,300円	4-8419-308
第３巻	一日一信	第７期生	明治43年	13,650円	4-8419-3047-7	9,870円	4-8419-308
第４巻	旅行記念誌	第８期生	明治44年	13,650円	4-8419-3048-5	9,870円	4-8419-308
第５巻	孤帆雙蹄	第９期生	明治45年	13,650円	4-8419-3049-3	9,870円	4-8419-308
第６巻	楽此行	第10期生	大正２年	13,650円	4-8419-3050-7	9,870円	4-8419-308
第７巻	沐雨櫛風	第11期生	大正３年	13,650円	4-8419-3051-5	9,870円	4-8419-308
第８巻	同舟渡江	第12期生	大正４年	13,650円	4-8419-3052-3	9,870円	4-8419-308
第９巻	暮雲暁色	第13期生	大正５年	13,650円	4-8419-3053-1	9,870円	4-8419-308
第10巻	風餐雨宿	第14期生	大正６年	13,650円	4-8419-3054-X	9,870円	4-8419-309
第11巻	利渉大川	第15期生	大正７年	13,650円	4-8419-3055-8	9,870円	4-8419-309
第12巻	虎風龍雲	第16期生	大正８年	13,650円	4-8419-3056-6	9,870円	4-8419-309
第13巻	粤射隴游	第18期生	大正10年	13,650円	4-8419-3057-4	9,870円	4-8419-309
第14巻	虎穴龍頷	第19期生	大正11年	13,650円	4-8419-3058-2	9,870円	4-8419-309
第15巻	金声玉振	第20期生	大正12年	13,650円	4-8419-3059-0	9,870円	4-8419-309
第16巻	彩雲光霞	第21期生	大正13年	13,650円	4-8419-3060-4	9,870円	4-8419-309
第17巻	乗雲騎月	第22期生	大正15年	13,650円	4-8419-3061-2	9,870円	4-8419-309
第18巻	黄塵行	第23期生	昭和２年	13,650円	4-8419-3062-0	9,870円	4-8419-309
第19巻	漢華	第24期生	昭和３年	13,650円	4-8419-3063-9	9,870円	4-8419-309
第20巻	線を描く	第25期生	昭和４年	13,650円	4-8419-3064-7	9,870円	4-8419-310
第21巻	足跡	第26期生	昭和５年	13,650円	4-8419-3065-5	9,870円	4-8419-310
第22巻	東南西北	第27期生	昭和６年	13,650円	4-8419-3066-3	9,870円	4-8419-310
第23巻	千山萬里	第28期生	昭和７年	13,650円	4-8419-3067-1	9,870円	4-8419-310
第24巻	北斗之光	第29期生	昭和８年	13,650円	4-8419-3068-X	9,870円	4-8419-310
第25巻	亜細亜の礎	第30期生	昭和９年	13,650円	4-8419-3069-8	9,870円	4-8419-310
第26巻	出廬征雁	第31期生	昭和10年	13,650円	4-8419-3070-1	9,870円	4-8419-310
第27巻	翔陽譜	第32期生	昭和11年	13,650円	4-8419-3071-X	9,870円	4-8419-310
第28巻	南腔北調	第33期生	昭和12年	13,650円	4-8419-3072-8	9,870円	4-8419-310
第29巻	嵐吹け吹け	第34期生	昭和13年	13,650円	4-8419-3073-6	9,870円	4-8419-310
第30巻	靖亜行	第35期生	昭和14年	13,650円	4-8419-3074-4	9,870円	4-8419-311
第31巻	大旅行記	第36期生	昭和15年	13,650円	4-8419-3075-2	9,870円	4-8419-311
第32巻	大陸遍路	第38・39期生	昭和17年	13,650円	4-8419-3076-0	9,870円	4-8419-311
第33巻	大陸紀行	第40期生	昭和18年	13,650円	4-8419-3077-9	9,870円	4-8419-311
解説巻		藤田佳久		8,400円（予価）	4-8419-3078-7	6,300円（予価）	4-8419-311

愛知大学創立六〇周年記念事業

『東亜同文書院大旅行誌』のオンデマンド出版にあたって

愛知大学学長　武田信照

愛知大学は二〇〇六年十一月に創立六〇年を迎える。この六〇周年を記念する事業の一つとして、『東亜同文書院大旅行誌』（以下『大旅行誌』）をオンデマンドの形で出版することとした。

愛知大学は、かつて中国は上海にあって、第二次世界大戦の敗戦によって閉校となった東亜同文書院大学の関係者が中心となって創設された大学である。東亜同文書院はいわば本学の前身校に相当する。本学は、同文書院関係の資料も多数を保有しており、一部は東亜同文書院記念センターに展示収蔵され、一部は図書館に収蔵されている。後者には同文書院生による中国踏査の大旅行関係資料も含まれる。

日中提携の人材養成を目的として建学された東亜同文書院は、戦前海外に設けられた高等教育機関としては最も古い歴史をもち、ここから日中関係に貢献する多くの人材が育った。実学を旨とする同文書院の教育上の特色を象徴するのは、半世紀近くにわたって実施され、七〇〇コースにも達する卒業年次生による数カ月におよぶ大調査旅行であった。この調査旅行の成果には、卒業論文ともいうべき『調査旅行報告書』と日誌風の『大旅行誌』とがある。前者は『支那省別全誌』などの元となり、後者も卒業記念として毎年単行本として出版された。いずれも当時の中国の実情を伝える資料として貴重なものであるが、今回オンデマンド出版をするのはこの後者『大旅行誌』である。『大旅行誌』はすでにマイクロフィルム版としては広く利用可能となっているが、今回の出版によって全三三巻＋解説一巻を書籍の形で刊行し、しかもどの一巻だけでも入手できることになる。

今回の出版にあたって、一点触れておかなければならない。それは当時の風潮を反映して、中国や中国民衆に対する差別的な表現が散見される点である。『大旅行誌』はいまや歴史的資料であり、その意味で手を加えることをしなかったが、それは決してこうした表現を容認肯定しているということではない。その点をご理解いただきたいと願うとともに、今回の出版によってこの歴史的資料がさらに広く活用されることを期待している。

原本

愛知大学　名古屋キャンパス

第 2 部

エズラ・ヴォーゲル先生への追悼文

「ミスタージャパン」と「ミスターチャイナ」

エズラ・ヴォーゲル教授の学問と人柄を偲ぶ

李　春利

ヴォーゲル先生との出会い

2020 年 12 月 20 日にエズラ・ヴォーゲル先生が 90 歳で米国マサチューセッツ州ケンブリッジ市において逝去されました。それを受けて、二つのエズラ・ヴォーゲル先生を偲ぶ会が開催されました（参考資料参照)。2021 年 1 月 9 日にケンブリッジ市で「学問と人柄―ヴ

上海交通大学「東アジアの理解と共鳴―ハーバード大学
エズラ・ヴォーゲル教授を偲ぶ会」（2021 年 1 月 15 日）ポスター

ォーゲル教授を偲ぶ会」（为学与为人—傅高义教授追思会）が開催され、主催者の大学サロン（University Salon）と中美印象網（US-China Perception Monitor）の招きに応じて、私もオンラインで参加し報告しました。席上、ヴォーゲル先生の令夫人シャーロット・イクルス（Charlotte Ikels）教授も出席され、ヴォーゲル先生の人柄や日常生活などについて面白いエピソードを披露してくださいました。

このエッセイは2021年1月15日に開催された上海交通大学日本研究センター主催の国際シンポジウム「東アジアの理解と共鳴—ハーバード大学エズラ・ヴォーゲル教授を偲ぶ会」（东亚的理解与共鸣—哈佛大学傅高义教授追思会）における筆者の報告「“日本先生”和“中国先生”傅高义教授的治学之道：以人为本，洞察社会」（中国語）をベースに大幅に加筆修正し、日本語で書き直したものです。

私とヴォーゲル先生の交流は、実に25年前の1996年に東京の国際

米国大学サロン主催「学問と人柄—ヴォーゲル教授を偲ぶ会」（2021年1月9日）にて

文化会館で開催された日米中の国際シンポジウムでの初対面にさかのぼります。すでに四半世紀前のことです。

私は、かつてヴォーゲル先生の名著『ジャパン・アズ・ナンバーワン』（*Japan as No.1*: *Lessons to America*）を読んで日本に興味を持ち、その後、日本留学を経て、愛知大学で教鞭を取るようになりました。また、2004 年と 2018 年にそれぞれ 1 年間、1 回目はフェアバンク東アジア研究センターの招聘研究員として、2 回目はヴォーゲル先生が創設されたアジアセンターのフェロー（上級研究員）として、ハーバード大学で研究する機会を持ったことで縁が深まりました。

アメリカの「ミスタージャパン」と「ミスターチャイナ」

中国では、ヴォーゲル先生のことをアメリカの「ミスターチャイナ」（中国語：中国先生）とよばれることが多いようです。ヴォーゲル先生が 1973 年に初めて訪中し、周恩来、喬冠華（きょうかんか）（Qiáo Guànhuá）、郭沫若、費孝通（ひこうつう）（Fèi Xiàotōng）など中国の要人たちと会見されたとの記録があります。しかし、私の印象の中で、時間順と影響力からすれば、ヴォーゲル先生はまず「ミスタージャパン」（中国語：日本先生）であると思います。ここでは、2019 年 11 月に愛知大学で開催されたヴォーゲル先生の講演会の記録の一部をご紹介します。

私は 1958 年に初めて日本に来てから、少なくとも毎年 1 ～ 2 回は日本を訪問して、たくさんの友人に恵まれました。一方、最初に中国に渡ったのは 1973 年でした。1980 年には 2 カ月ぐらい滞在しました。それ以来、毎年のように中国を訪問して、多くの中国の友人にも恵まれたため、日本と中国は一緒に成功してほしいと願っています。

彼の初来日は 1958 年のことであり、初訪中は 1973 年のことでしたので、ここには 15 年の時間差があります。

また、先生の名著『ジャパン・アズ・ナンバーワン』は 40 年以上前の 1979 年に刊行され、日本でベストセラーになりました。中国でベストセラーになった *Deng Xiaoping and the Transformation of China* が米国で出版されたのは 2011 年のことであり、中国語版『鄧小平時代』と日本語版『現代中国の父　鄧小平』はともに 2013 年に出版されました。そこにも 30 年以上の時間差があります。日中両国における影響力と時間の順序からすれば、ヴォーゲル先生はまずアメリカの「ミスタージャパン」、次に「ミスターチャイナ」と考えて妥当なのではないかと思います。

「三現主義」を貫く研究方法

ヴォーゲル先生は、第二次世界大戦後における日本と中国の発展の歴史の証人であり、彼の個人史は日本と中国の台頭の歴史と重なっていました。1950 年代から 60 年以上の長きにわたり日本と中国の研究に専念し、一貫してフィールド調査や当事者へのインタビューを続けてこられました。そしてどこへ行っても必ず小さなノートを出してメモを取り、こまめに記録を綴ってきました。これは社会学や人類学、経営学及びフィールド調査を重視する経済学の基本的なスキルです。しかも当日中に記憶が鮮明であるうちに、取材ノートを整理し、利用可能な状態に整えておくのが一般的です。

ヴォーゲル先生の研究スタイルは非常に日本になじみやすいもの

があります。それはつまり、現場・現物・現実、いわゆる「三現主義」を重視することです。「三現主義」とは、日本で問題を解決するときの1つの基本姿勢であり、なにか問題が発生したときに、机上で判断するのではなく、「現場」に出向いて「現物」に直接触れ、「現実」をとらえて解決を図るということです。中国では毛沢東のいわゆる「調査なくして発言なし」(没有調査研究、就没有発言権)という言葉に相通ずる問題解決の基本精神です。

ヴォーゲル先生は60年以上にわたり、日本や中国などアジアの現場を歩き、現地調査を重ねてこられました。また、日本で講演や取材をする場合は日本語で、中国でする場合は中国語で行うというスタイルを貫き、外国語の研鑽を生涯にわたり怠ることはありませんでした。日米中の3か国語を自由自在に使いこなし、徹底的に現地化しています。このような現地調査の蓄積はヴォーゲル先生の研究を支える活力の源泉であり、ベストセラーの連発は、そうした地道な現地調査の積み重ねの結晶であったと言えます。

友人づくりの名人

ヴォーゲル先生は自らの研究方法を「人と知り合い、人を通じて対象に向き合うこと」だと言っています(エズラ・F・ヴォーゲル、加藤嘉一著『リバランス』、ダイヤモンド社、2019年、ivページ)。その研究方法から、ヴォーゲル先生の学問と人柄は表裏一体をなして相補っており、両者の関係を簡単に切り分けることができないと思います。

1つ目として、ヴォーゲル先生は友人づくりの名人で、様々な国や年齢層の人々と友達になれる特別な資質をお持ちでした。私はヴォーゲル先生の交友の道を「誠意を持って人と接し、根気強く交流を続ける」（以誠待人、持之以恒）という言葉で捉えています。

この点について、ヴォーゲル先生は愛知大学で講演された際にも触れており、一つの具体例を挙げてくれました。ヴォーゲル先生は講演の翌日に、東京で 60 年前に知り合った日本の友人に会うことになっていました。1959 年に初めて日本に滞在したころに知り合ったこの家族とは、すでに親子三世代も交流が続いており、つまり、お孫さんの代まで続いているのです。これはとても人間愛に溢れた感動的なエピソードです。

ヴォーゲル先生は日本と中国の 2 つの民族の長所の一部を併せ持っているように感じます。暗黙のルール（潜規則）を含めて相手の文化や習慣をよく知っているので、安心してお付き合いすることができます。ヴォーゲル先生と一緒にいると、非常に心地よく感じるのです。

また、ヴォーゲル先生は少年のような瑞々しい好奇心と新しい物事への情熱を持っているように感じます。90 歳になっても気持ちが若々しく、しかもやる気満々です。

人を通じて社会の本質を探究する

2 つ目として挙げたいのは、「人を以って本と為し、人を通じて社会の本質を探究する」（以人為本、洞察社会）というヴォーゲル先生の独特な研究方法です。友人との長い交流を通じて、ある国や社会に対する理解を深めていくというヴォーゲル先生の研究方法は、非常にユニークであり、しかも効果的であると言わざるを得ません。

「以人為本」というのは、もともと陳寿の『三国志・蜀志・先主伝』の中で劉備（りゅうび）（Liú Bèi）が言った言葉であり、「夫済大事 必以人為本」（大事を済（な）すには 必ず人を以って本（ほん）と為す）が元の文です。

私の個人的な見方ですが、社会科学にせよ人文科学にせよ、最も根本的なところは、やはり人間の本性に対する洞察力にあると思います。その中で、一つは人間の本性あるいは天性そのものに対する洞察であり、もう一つは人と人の関係に対する深い理解が含まれているのではないかと思います。

私は専門的に研究しているわけではありませんが、例えば、儒教の思想や倫理が中国や日本など東アジア諸国において深く根付いた理由は、突き詰めば、やはり「人間本位」という基本的な考え方、すなわち、「人を以って本と為す」という思想をその理論体系の最も重要な基礎にしているところにあるのではないかと思います。

ヴォーゲル先生は外国の友人との長い交流を通じて、その国や社会の発展と変化を観察しつづけ、その本質的なものを理解しようとした姿勢は特筆すべきだと思います。これは社会科学における究極の「定点観測」といっても過言ではありません。さきほど60年来の友人と交流を続けてきたことをご紹介しました。この60年の間には、日本社会とそれをめぐる国際環境は天地を覆すような変化が起きているといっても過言ではありません。日米の両家族は三代目まで交流が続き、その期間における日米両国の変化の中を同時に生きぬいてきたということになります。これこそ「同時代性」というものでしょう。

ヴォーゲル先生の著書を注意深く読むと、新著の『日中関係史』や『現代中国の父 鄧小平』、もしくは半世紀前の最初の単著『日本の新中間階級―サラリーマンとその家族』における共通点は、いずれも人に焦点を当てて書かれていることにあると改めて気づくはずです。人を書く際に、ヴォーゲル先生は自由闊達な筆致でテンポよく筆を進め、その文章も臨場感に溢れています。読み手からすれば、読んでいるうちに気分爽快になり、書き手の気持ちがストレートに伝わってきます。

それを下支えしているのは、ヴォーゲル先生の長年にわたるディープ・インタビューの原体験と膨大な数の取材ノートの蓄積です。そうしたリアリティの背後には、ヴォーゲル先生の現場・現物・現実を重視する「三現主義」の精神が遺憾なく発揮されています。

理論と数字　歴史と環境

もう一点、研究の方法論に関するヴォーゲル先生のご意見を紹介したいと思います。

愛知大学での講演の最後の質疑応答において、ヴォーゲル先生はハーバード大学の研究環境と研究方法について次のように指摘されました。

> ハーバード大学での良い面は、何を考えても何を発言しても良いということです。一方、ハーバード大学の悪い面は、最近の若い研究者には、理論と数字を駆使するだけで、歴史や環境および社会のことなどを十分に理解せずに、自分が偉い科学者であるかのように振る舞う社会学者がいることです。私たちのような歳を取った人間からすれば、若い人はもう少し環境や歴史を理解すべきだと思っています。

ヴォーゲル先生の意見としては､数字やデータベースは大事ですが、事象の背後にある歴史的な経緯や置かれている社会的環境などへの理解がなければ、社会科学の研究としては不十分です。そのような理解を深めるにはやはり現場に足を運び、当事者の話を聞いて現実を知ることが重要であり、その積み重ねが社会の本質への理解につながると

Japan's New Middle Class（左から英語版、2013 年増補版、中国語版）
（Richard Dyck 氏提供）

いうことです。

ヴォーゲル先生は『現代中国の父　鄧小平』を執筆するために、実に 10 年の歳月をかけて膨大な資料を調べあげ、300 人を超える関係者たちに直接インタビューして完成したそうです。また、半世紀以上も前に出版されたヴォーゲル先生の最初の単著『日本の新中間階級』(英語版：*Japan's New Middle Class*, University of California Press, 1963 年）も数多くのディープ・インタビューと緻密な「定点観測」に基づいて完成された学術書です。この本は、2017 年に『日本新中産階級』（上海譯文出版社）と題して中国語にも翻訳、出版されました。

原著より 50 年以上も遅れて中国で出版されましたが、ヴォーゲル先生は、半世紀以上経っても読み直せばやはり納得する本であり、研究者としてこれ以上の喜びはないと感想を述べていました。この本は、アメリカにおける日本研究の方法論およびその後のヴォーゲル先生の研究方法の礎石になるような基礎的な文献であると学界で評価されています。ヴォーゲル先生は中国語版の「まえがき」の中で次のように書いています。

この本は、1950年から1960年までの間に私が日本の中産階級の家庭を対象に行った調査研究に基づいて書かれたものである。非常に驚いたことに、中国の出版界はこの半世紀前に出版された日本の家庭に関する本に興味を示してくれた。

多くの中国の家庭は中産階級の生活様式に慣れてきているところであり、その中の一部の人々は、日本の中産階級が現代的な生活様式や文化の面でどのように西側諸国の影響を受けてきたのかについて特に関心をもっている。

2013年には、*Japan's New Middle Class* はアメリカで増補版が発行され、その「あとがき」の中で、ヴォーゲル先生は次のように執筆当時のことを振り返っています。

歳をとった研究者にとっては、半世紀以上も前に自分が書いた初めてのノンフィクション分野の単著の再版がもたらしてくれた専門的な満足感に勝るものはない。この2年間に及んだフィールド調査と1年以上の執筆によって完成された本には、著者の精神力と知力、そして青春の活力が注ぎ込まれている。

「競争相手を必ずしも敵にする必要はない」

昨今の米中対立や米大統領選挙についても、ヴォーゲル先生は愛知大学での講演会で非常に重要な指摘をされました。

来年（2020）には大統領選挙があります。誰が選出されるか分かりませんが、インテリ層だけではなく多くのアメリカ国民は、アメリカの国際的な責任を意識して、2021年1月には、世界の国々と良好な関係が築ける人、もっと良い政策を行うことができる人物が大統領になるべきだと考えています。

中国は、私たちが競争する相手ではありますが、競争相手を必ずしも敵にする必要はないのです。私たちアメリカ人の多くは、中国と良い競争関係を築きたいと考えています。そして米中両国の間になにか問題があると、やはり日本の役割はもっと大きくなるでしょう。

このくだりは、ヴォーゲル先生の講演の中の一つのハイライトです。実際、その日には愛知大学の学生たち約400人が講演を聞いておりましたが、この言葉がとても印象的で、学生たちのレポートの中でも相当引用されていました。

ヴォーゲル先生が2019年7月に公表したトランプ大統領宛ての公開書簡の中にもこの点について強調されました。具体的には、7月3日付の米国『ワシントンポスト』紙は、トランプ大統領と国会議員に宛てた公開書簡を掲載し、「中国を米国の敵にしても役に立たない」という見出しの記事を発表しました。

この公開書簡はヴォーゲル先生のほかに、マサチューセッツ工科大学教授のテイラー・フラベル（Taylor Fravel)、元駐中国米国大使のステイプルトン・ロイ（Stapleton Roy)、カーネギー国際平和基金上級研究員のマイケル・スウェイン（Michael Swain)、前国務次官補代行のスーザン・ソーントン（Susan Thornton）の5人が作成し、その他の95人が署名し、合計100人の米国の著名人が連名で公開書簡を発表しました。

公開書簡は、「我々は学術、外交、軍事、ビジネス界のメンバーで、多くが米国の出身であり、職業生涯にわたりアジアに注目してきた」とし、「我々は中国が（米国）経済の敵だとは思っておらず、どの分野も国家安全の脅威に直面しているとは信じていない。中国を敵視しグローバル経済とのつながりを断つというやり方は米国の国際的立場と名声を損ない、全ての国の経済利益を破壊する」と主張しました（日本語訳は「チャイナネット」2019年7月4日付け記事による）。

「ピンポン外交」時、ニクソン大統領への提言

ヴォーゲル先生の大統領宛ての書簡は今回が初めてではなく、これまでも2回ありました。1回目は1968年末で、当選が決まったばかりのリチャード・ニクソン（Richard Nixon）大統領宛てのものでした。2回目もニクソン大統領宛ての書簡で、日付は1971年4月27日でした。この2回目の書簡には、米中国交正常化に関する具体的な提言が含まれていました。

この提言はヴォーゲル先生を中心に、ハーバード大学で中国問題を

毛沢東主席とニクソン大統領（アフロ提供）

研究する教授たち約10人が議論を重ねた結果、米中国交正常化に向けて重要な課題に関する具体的な対策についてまとめられたものです。手紙は次のように始まっていました。（ヴォーゲル・加藤前掲書、pp. 190–191。書簡の実物は巻頭のカラーページ、日本語訳は参考資料1「ヴォーゲル・レター」pp. 116～119を参照）

親愛なる大統領閣下

現在進行中の中国大陸との〔関係の〕展開に関する一連の素晴らしいご対応に、賛辞を贈らせていただきたく存じます。閣下による貿易問題へのイニシアティブからは、貿易障壁の緩和に意欲的であることが明らかです。アグニュー副大統領が政策に関して異なる見解をもたれているとの新聞報道に対するご対応は、閣下と閣下の政権が、水面下で中国との接触を活発化させる立場を公然にされていることがうかがえます。中国の代表との会談に対する前向きな態度は閣下の積極的な姿勢を表しており、〔米中関係を〕民間のレベルに留めるかどうかの決定を中国側にゆだねるとのご意向からは、現在の中国〔政府〕が公に表明している立場に対して適切な考慮がなされていることが見てとれます。

私の見方では、現行の北京による友好攻勢は、国際連合やその他の国際機関において、北京が代表する一つの中国を承認させるようタイミングが計られたものです。合衆国とその他の国々がこれに対して非友好的に応じたならば、現在の〔米中〕関係の雪解けから転じて緊張が高まり、今後数十年間にわたって米軍をアジアに深く関与させ続けることになり、避けられたかもしれない多くの紛争のためにさらに幾千もの米国人の命が犠牲になることもあり得るため、状況は細心の注意を要します。

今回の提言には、具体的には大きく3つのポイントがありました。

1）合衆国は、北京によって統治される一つの中国の統一に向けた台湾と北京の間の合意を妨げないという立場を明確にすること、

2）「二つの中国」よりは、「二重代表」という用語を使用すること、および、

3）北京に中国を代表する単独の議席を与えるアルバニア決議案に賛成する国連の採決を、たとえ我々が支持しないとしても、潔く受け入れる立場を表明すること。

もしこれらの点を満たせなければ、ひとたび中国の軍事力がさらなる発展を遂げたのち、合衆国と中国の間の敵対関係がより一層深まるという重大な危機が予想されます。

大変興味深いことに、この提言が出されたタイミングは、名古屋で開催された第31回世界卓球選手権大会を舞台にした「ピンポン外交」が世界を震撼させた時期と重なっていました。当時は、毛沢東主席の決断によって来日していた米国卓球選手団が名古屋大会後に直接北京に招待された直後でした（参考資料「辞書が介したピンポン外交」pp. 123 ～ 125を参照）。

それに対して、米国政府とニクソン大統領は、一連の対中緩和政策を矢継ぎ早に打ち出し、関係改善のシグナルを中国に送り続けていました。ヴォーゲル先生が書簡の冒頭で表した「賛辞」は、ニクソン大統領の対中国政策に向けたメッセージでした。

キッシンジャーからヴォーゲルへの返信

時計の針を1971年に戻すと、この時の歴史はこのように刻まれていました。

3月15日　米国が朝鮮戦争以来20年ぶりに対中旅行制限の撤廃を発表
4月 7日　中国が正式に米国卓球選手団を中国に招待
同10日　米国卓球選手団が香港から中国に入国
同14日　周恩来首相が米卓球選手団らと会見。同日、米国は非戦略物資の対中直接貿易許可など5項目措置を発表
同16日　ニクソン大統領が訪中の希望を表明
同27日　「周恩来メッセージ」が「パキスタン・ルート」を通じて米国に届く

この激動の4月に、「ピンポン外交」を転機に米中接近の流れが一

キッシンジャー大統領補佐官と周恩来首相（アフロ提供）

気に加速し、のちに「小さなピンポン球が大きな地球を動かした」(小球轉動大球)といわれたように、歴史の歯車が大きく動いた時期でした。

ここで言う「周恩来メッセージ」(4月21日付)は、すなわち「アメリカ大統領特使、例えばキッシンジャー氏、あるいは国務長官、さらには大統領本人の北京訪問を歓迎する」といった内容でした。このメッセージが届いた翌28日に、ニクソン大統領はキッシンジャー訪中を決定していたといわれています。そして、7月15日にはキッシンジャーの北京への極秘訪問とニクソン訪中決定の電撃的な発表が突如テレビで行われ、再び世界を震撼させました。これはのちに「ニクソン・ショック」とよばれた戦後の外交史に残る歴史的な出来事となりました。

その渦中の人物であるヘンリー・キッシンジャー(Henry Kissinger)大統領補佐官は5月12日に、ニクソン大統領に代わってヴォーゲル先生に御礼の手紙を送ってきました。ヴォーゲル先生のファーストネームである“Dear Ez:”から始まったこの手紙には、次のように書いてあります(ヴォーゲル・加藤前掲書、p. 269。参考資料1、pp. 120 〜 122を参照)。

親愛なるエズ

4月27日の貴殿の懇切な書簡に関して、大統領は私に謝意を表すよう依頼されました。ご懇書を賜りまして、感謝申し上げます。

貴殿のご意見とご提案は大変貴重であり、引き続き我々のもとにお寄せ頂けることを期待しています。情勢は、これからさらに一層複雑になっていくことでしょう。

近いうちにまたお会いできることを願っています。

ヴォーゲル先生は、台湾問題こそが最大の問題であり、米中交渉の難題になると考えていました。それから50年経った今でも、ヴォーゲル先生の予想通り、台湾問題は依然として米中関係における最大の難題であり、しかもますます複雑になってきています。

日本における最後の講演会

ヴォーゲル先生の講演会は2019年11月23日に愛知大学名古屋キャンパスにあるグローバルコンベンションホールで開催され、主会場と分会場を合わせて約1000人が参加しました。申込者が定員を大幅に超えましたので、やむなく抽選をせざるを得ませんでした。この講演会は愛知大学主催の「中国公開講座⑳ 2019特別編」として開催されました（巻頭カラーページ参照）。

この「中国公開講座」シリーズは基本的に毎年1回開催されるものです。2006年2月には愛知大学孔子学院開校記念講演「新しいアジア主義—アジアの中における日中関係が果たす役割」と題して、当時駐日大使を務めていた中国の王毅外相も講演されたことがあります。その講演録は愛知大学が発行している学術誌『中国21』（第27号、2007年3月）に掲載され、愛知大学リポジトリで電子版も公開されています。

ヴォーゲル先生の名古屋訪問は、ヴォーゲル先生の新著『日中関係史— 1500年の交流から読むアジアの未来』の日本語版の出版に合わせて来日された際に実現できたものです。日本に先立ち、中国語版『中国和日本— 1500年的交流史』（繁体字、香港中文大学出版社）が香港で発売されたので、ヴォーゲル先生は来日前に香港を訪問されました。愛知大学で講演された後、東京に戻られ、その2日後にはアメリカに帰国されたため、奇しくもこれがヴォーゲル先生の日本における最後の講演会となりました。

ヴォーゲル先生の最後の講演会を記録に残すために、その講演録を中心に「愛知大学国際中国学研究センター特別記念出版」という形で、『ハーバード大学名誉教授 エズラ・ヴォーゲル最後の授業 永遠の隣人』（エズラ・F・ヴォーゲル、李春利著、あるむ刊行）と題して、追悼の気持ちを込めて出版することとしました。

『日中関係史』は人生の卒業論文？

ヴォーゲル先生の愛知大学での講演タイトルは「永遠の隣人―日中の歴史から考えるアジアの未来」というものでした。今になって、改めて「永遠の隣人」という言葉を読み直すと、それはヴォーゲル先生が私たちへ贈った最後のメッセージなのではないかと読み取ることもできます。

日中関係の未来は、東アジアの未来を決める大変重要な二国間関係であることは言うまでもありません。「永遠の隣人」としての日本と中国の関係を考えるには、おそらく昨今の二国間関係や多国間関係という次元を超えて、もっと長いタイムスパンで未来を見通すことのできる戦略家と戦略的な思考が必要なのではないかと思います。長期にわたる歴史的な考察に裏付けられた俯瞰的で広い視野こそ、ヴォーゲル先生がわれわれに残してくれた精神的遺産であり、またはヴォーゲル先生の遺言のようなものであるといえるかもしれません。日中関係を考える際には、もっと長期的な視点が必要であるとヴォーゲル先生は説いています。

講演の日本語タイトルの下には、“China and Japan: Learning from

Each Other" という英語のタイトルもあります。これはヴォーゲル先生がアメリカなどにおいて英語で新著を紹介する際によく使っていたものです。そこには、日中両国が積極的に相手国に学ぶ謙虚な姿勢をもてば、自国も進歩し「国づくり」も進むというヴォーゲル先生のメッセージが隠れているのではないかと思います。

ヴォーゲル先生の前向きな思考様式は、常に彼を相手側の長所に目を向けるように導いていくのです。ヴォーゲル先生は、日中両国が相手側の弱点や欠陥を見るのではなく、前向きな思考様式をもって相手側の長所と強みも見てほしいと願っています。そのような積極的な心構えが結果的には自国の進歩をもたらすことにつながるのです。自分の国を愛しているからこそ、競争相手を含め他国の長所を学び、それらを自分の栄養分として吸収し、一緒に成長していくのです。

ヴォーゲル先生は『現代中国の父　鄧小平』の本が出版された後、長年準備してきた『胡耀邦』の執筆計画を一旦中断して、7年もの歳月をかけて最後の著書『日中関係史』を完成させました。執筆の過程においては、ヴォーゲル先生は大量の史料を調べあげ、また、数多くの関係者たちを取材したと伝えられています。

今になって振り返ると、この500ページ（英語版）にも及ぶヴォーゲル先生の最後の著書は、ヴォーゲル先生の波瀾万丈な人生の卒業論文であるといえるかもしれません。その中に書かれている内容の多くは、私たちにとって実に貴重な史実と示唆深い論点が含まれています。それはまた、ヴォーゲル先生が60年以上にわたって日本と中国を観察し考えめぐらしてきた多くの精神的遺産が集積された一冊でもあります。

笑顔は永遠に

ヴォーゲル先生の笑顔はとても素敵です。私は愛知大学での講演会ポスターに載っているヴォーゲル先生の笑っている写真がとても好きです。彼の幸せで明るい笑顔が印象的で、私の米国の友人たちもこの写真を特に気に入ってくれました。この写真はヴォーゲル先生からいただいたものであり、特別に許可を得て、今回の本の表紙にしました。

別の話ですが、ヴォーゲル先生は毎朝ジョギングした後、日課として中国語の朗読や勉強にずっと励んできたそうです。中国語の勉強を始めたのは比較的に遅かったので、長年にわたりハーバード大学に来ている中国人留学生や研究者たちに中国語を習ってきました。ちなみに、1958 年に初来日の際にも、1 年目は日本語を猛勉強し、2 年目からは毎週のように日本語でインタビュー調査を行ってきたと伝えられています。

毎朝のジョギングも 20 年間以上続け、その後はまた、10 年以上にわたり自転車に乗り続けたそうです。入院の数日前にも自転車に乗っていたと聞いています。90 歳の長寿と生涯現役を支える生命力と活力の背後には、そのような日常の努力の積み重ねがあったのです。

「健康管理をしていますか。毎日の日課はなんですか」

と、ヴォーゲル先生は自分の教え子たちによくこのように聞いていたと伝えられています。

ヴォーゲル先生の明るい笑顔はいつまでも私たちの心に残っています。

（完）

【参考資料１】

ヴォーゲル・レター (1)

ヴォーゲルがニクソン大統領に米中国交正常化を進言した書簡

（1971 年 4 月 27 日）

HARVARD UNIVERSITY
EAST ASIAN RESEARCH CENTER
ARCHIBALD CARY COOLIDGE HALL

JOHN K. FAIRBANK, *Director*
ALBERT M. CRAIG, *Associate Director*
EZRA F. VOGEL, *Associate Director*

Room 301
1737 Cambridge Street
Cambridge
Massachusetts 02138
April 27, 1971

President Richard M. Nixon
The White House
Washington, D.C.

Dear Mr. President:

I want to compliment you on your continued excellent responses to the current developments with mainland China. Your initiatives on the trade situation make it clear that you are willing to relax trade barriers. Your response to newspaper accounts of Vice-President Agnew's disagreement with policies shows that you and your administration are openly behind opening up more contact. Your willingness to meet with Chinese representatives shows your positive approach, and your willingness to let the Chinese decide whether they want to keep it on a people to people basis shows proper regard for their present public stance.

In my view the current Peking friendship offensive is timed to encourage the recognition of a single China, headed by Peking, in the United Nations and in other international bodies. It is an extremely delicate situation, for if the United States and other countries respond unfavorably the current thaw in relations may turn into a heightening of tensions that would keep American forces deeply involved in Asia for decades ahead, perhaps requiring the sacrifice of further thousands of American lives for conflicts that could be avoided. In view of past commitments the United States cannot support the expulsion of Taiwan from the United Nations, and because of this it may be impossible to reach a rapprochement with The People's Republic of China. If we are to have any hope of getting beyond this impasse, I think it essential: 1) to make it clear that the United States would not stand in the way of an agreement between Taiwan and Peking for unification of a single China under rule from Peking, 2) to use the term "dual representation" rather than "two Chinas," and 3) to be willing to accept gracefully a United Nations vote for an Albanian-type proposal that would give Peking the single seat of China even if we did not support it. If we were to do any less at this point, there is a serious danger that we can look forward to further hostilities between the United States and China once Chinese military capacities are further developed.

Sincerely,

Ezra F. Vogel

Professor of Sociology

【日本語訳】

ハーバード大学
東アジア研究センター
アーチボルド・キャリー・クーリッジ・ホール

ジョン・K・フェアバンク　所長
アルバート・M・クレイグ　副所長
エズラ・F・ヴォーゲル　副所長

02138
マサチューセッツ州ケンブリッジ市
ケンブリッジ・ストリート 1737
301 室
1971 年 4 月 27 日

リチャード・M・ニクソン大統領
ホワイトハウス
ワシントン D.C.

親愛なる大統領閣下

現在進行中の中国大陸との〔関係の〕展開に関する一連の素晴らしいご対応に、賛辞を贈らせていただきたく存じます。閣下による貿易問題へのイニシアティブからは、貿易障壁の緩和に意欲的であることが明らかです。アグニュー副大統領が政策に関して異なる見解をもたれているとの新聞報道に対するご対応は、閣下と閣下の政権が、水面下で中国との接触を活発化させる立場を公然にされていることがうかがえます。中国の代表との会談に対する前向きな態度は閣下の積極的な姿勢を表しており、〔米中関係を〕民間のレベルに留めるかどうかの決定を中国側にゆだねるとのご意向からは、現在の中国〔政府〕が公に表明している立場に対して適切な考慮がなされていることが見てとれます。

私の見方では、現行の北京による友好攻勢は、国際連合やその他の国際機関において、北京が代表する一つの中国を承認させるようタイミングが計られたものです。合衆国とその他の国々がこれに対して非友好的に応じたならば、現在の〔米中〕関係の雪解けから転じて緊張が高まり、今後数十年間にわたって米軍をアジアに深く関与させ続けることになり、避けられたかもしれない多くの紛争のためにさらに幾千もの米国人の命が犠牲になることもあり得るため、状況は細心の注意を要します。過去のコミットメントを考慮すると、合衆国は国連からの台湾の排除を支持することはできず、このために中華人民共和国との和解は不可能かもしれません。もしこのような行き詰まりの回避を少しでも望めるとしたら、以下のことがきわめて重要だと考えます。1）合衆国は、北京によって統治される一つの中国の統一に向けた台湾と北京の間の合意を妨げないという立場を明確にすること、2）「二つの中国」よりは、「二重代表」という用語を使用すること、および、3）北京に中国を代表する単独の議席を与えるアルバニア決議案に賛成する国連の採決を、たとえ我々が支持しないとしても、潔く受け入れる立場を表明すること。もしこれらの点を満たせなければ、ひとたび中国の軍事力がさらなる発展を遂げたのち、合衆国と中国の間の敵対関係がより一層深まるという重大な危機が予想されます。

敬具

〔署名〕

エズラ・F・ヴォーゲル
社会学教授

ヴォーゲル・レター (2)

キッシンジャーからヴォーゲルへの返信

(1971年5月12日)

THE WHITE HOUSE

WASHINGTON

May 12, 1971

Dear Ez:

The President asked me to express his appreciation for your kind letter of April 27. It was thoughtful of you to write.

Your comments and suggestions are most helpful, and I hope you will continue to pass them on to us. The issues will become even more complex as we go along.

I hope we can get together again soon.

Warm regards,

Henry A. Kissinger

Professor Ezra F. Vogel
Harvard University
East Asian Research Center
1737 Cambridge Street, Rm 301
Cambridge, Massachusetts 02138

【日本語訳】

ホワイトハウス
ワシントン

1971年5月12日

親愛なるエズ

4月27日の貴殿の懇切な書簡に関して、大統領は私に謝意を表すよう依頼されました。ご懇書を賜りまして、感謝申し上げます。

貴殿のご意見とご提案は大変貴重であり、引き続き我々のもとにお寄せ頂けることを期待しています。情勢は、これからさらに一層複雑になっていくことでしょう。

近いうちにまたお会いできることを願っています。

敬具

〔署名〕

ヘンリー・A・キッシンジャー

エズラ・F・ヴォーゲル教授
ハーバード大学
東アジア研究センター

02138
マサチューセッツ州ケンブリッジ市
ケンブリッジ・ストリート 1737
301室

ヴォーゲル・レター

翻訳者：深串徹。

出典：エズラ・F・ヴォーゲル、加藤嘉一著『リバランス―米中衝突に日本はどう対するか』（ダイヤモンド社、2019年）p. 191より許可を得て転載。加藤嘉一氏より提供。原資料はリチャード・ニクソン大統領図書館および博物館（Richard Nixon Presidential Library and Museum）所蔵。

【参考資料2】

中日新聞　2021年（令和3年）5月23日（日曜日）　©中日新聞社 2021　（日刊）

中日新聞

発行所　中日新聞社
名古屋市中区三の丸一丁目6番1号
〒460-8511　電話 052(201)8811

2021年 5月23日（日）
（令和3年）　世界カメの日

中国 暗号の道具に 50年前の新事実

辞書が介した ピンポン外交

外交官の回顧録 愛知大教授分析

一九七一年に名古屋市で開かれた国際卓球大会を通じて米中両国が急接近した「ピンポン外交」を巡り、当時の中国外務省が大会参加中の中国代表団に対し、愛知大編さんの「中日大辞典」を暗号に使い、米国代表チームに訪中を要請するよう指示していたことが分かった。米中国交樹立や日中国交正常化の流れをつくったピンポン外交から五十年の節目に、新事実が浮かび上がった。

中国代表団秘書だった外交官の江培柱氏が二〇一三年、中国で出版した回顧録で経緯を明かした。愛知大国際中国学研究センター所長の李春利教授が一九年、米ハーバード大フェアバン

いた。

（平岩勇司）＝関連㉖面

一九七一年三〜四月に名古屋市の愛知県体育館で行われた第三十一回世界卓球選手権大会には、中国代表が六年ぶりに参加した。

江氏の回顧録によると、中国外務省は代表団の訪日前から、中日大辞典を使った暗号で連絡すると決めていた。中日大辞典は愛知大が六八年に刊行し、当時唯

中国選手団のバスに誤って乗った米国のグレン・コーワン選手㊨と中国の荘則棟選手。降車後に握手を交わしたシーンが世界に報道された＝1971年4月、名古屋市の愛知県体育館前で

電話をする際、「辞典のページ数と左右の位置、および行数」で機密を伝えたと記している。

李教授によると、暗号は、例えば「960−右−38」と伝えた場合、「中日大辞典の九百六十ページ目の右側、上から三十八行目の漢字」を意味したと考えられる。この方法を一文字ずつ繰り返し、「邀」「請」「美」「国」「隊」（邀請美国隊＝米国チームを招聘する）といった文章にしたとみられる。実際の電話では事前に決めていた余分な数字も加え、暗号をさらに複雑化していた。

中国側は当初、敵対関係にある米国の代表チームと接触しない方針だったが、閉会前日の四月六日夜、毛沢東主席の決定を受けた中国外務省が、中国代表団に「米国チームを中国に招聘すること」と暗号電話で指示。江氏は「中日大辞典で指示を解読し、急いで代表団の責任者に報告した」と舞台裏を明かしている。

中国代表団は名古屋市東区のホテルに滞在しており、電話の盗聴や情報漏えいを警戒したとみられる。江氏は「おそらく最も原始的で最も解読しにくい暗号」と記している。

大会後に日本から中国に訪問した米国チームは、周恩来首相の歓迎を受けた。互いに関係改善を模索していた米中は急接近し、翌七二年二月にニクソン大統領が訪中。同年九月には田中角栄首相が訪中し、中国が国際社会の輪に加わる流れが生まれた。

李教授は「ピンポン外交を巡る最後のワンピースがはまった思いだ。米中、日中関係は今も複雑だが、各国が歩み寄ったピンポン外交の精神に立ち返ってほしい」と話している。

ピンポン外交　1971年に名古屋で開かれた第31回世界卓球選手権に、日本卓球協会会長の後藤鉀二（こうじ）愛知工業大学長が、国交のない中国の代表チームを招請。大会中、中国代表団のバスに誤って乗車した米国人選手と中国人選手が贈り物を交わすなど、米中チームの交流が生まれた。中国政府は大会後、米国チームを中国に招待。朝鮮戦争から敵対していた米中に和解の流れが生まれ、「小さなピンポン球が大きな地球を動かした」と言われた。大会会場となった愛知県体育館には2015年にピンポン外交記念モニュメントが設置された。

「一字千金」歴史動かす

愛大編さんの「中日大辞典」

一九七一年に名古屋で開かれた世界卓球選手権大会を通じ、中国に国際舞台への扉を開いた「ピンポン外交」。その過程で愛知大の「中日大辞典」が大きな役割を果たしたことは、ある意味必然だったと言える。＝❶面参照

愛大は一九〇一（明治三十四）年、上海で開学した高等教育機関「東亜同文書院」がルーツ。日本各地から集まった俊才が全寮制で中国語や商慣習を学び、作家の魯迅も教壇に立った。同書院は中国語と日本語の辞書を作ろうと十四万枚の単語カードを作成したが、第二次世界大戦の日本の敗戦で閉校し、単語カードも中国に接収された。

後継の教育機関として四六（昭和二十一）年、愛知県豊橋市に愛大が誕生。後に単語カードの返還を中国政府に打診すると、五四年に実現した。愛大はこのカードをもとに六八年、初の本格的な辞書となる「中日大辞典」を刊行（中日文化賞受賞）。中国日本友好協会に千二百冊を贈呈した。大辞典は海を渡り、中国で日本語を学ぶ学生や研究者、外交官の間で必須の辞書となった。

外交の世界では、本国と海外の出先機関との間で重要情報を伝える際、他国の情報機関を警戒し暗号を使うのが常識。七一年当時、日本と国交のない中国はそのノウハウがなく、訪日した中国代表団との臨時の暗号帳として「中日大辞典」を選んだ。

日中関係改善の糸口を探る使命を担っていた中国代表団には、卓球選手以外に外交官も加わり、後に外相となる唐家璇氏もメンバーにいた。回顧録で当時の舞台裏を明かした江培柱氏もその一人。外務省アジア局日本課や、在日大使館の役割を果たしていた中日覚書貿易事務所駐東京連絡所に勤務していた。

その後の日中国交正常化にも関与した江氏は、「中日大辞典」を手元に置き続け、回顧録の中で「現在、机に置いてある中日大辞典を見ると、特定の歴史的な状況の下で『一字千金』とも言える役割を果たしたことを思い出し、実に感無量である」とつづっている。

文化大革命の動乱で国内が混乱し、国際社会から孤立していた中国が世界卓球選手権大会に参加したのは、日本卓球協会会長だった後藤鉀二・愛知工業大学長らの努力のたまものだった。そしてピンポン外交の過程で橋渡し役となった中日大辞典は、日中友好の精神から生まれたものだった。現在、日中は尖閣諸島の問題などで対立が続いているが、「民間の力」で対立を解きほぐすことができるということを、五十年前のピンポン外交が教えてくれる。

（平岩勇

特别值得一提的是，正是在这届世乒赛期间，我代表团正式
乒球代表团发出了访华邀请。毛主席高瞻远瞩的战略决策，以“
大球”，不仅开启了长期处于敌对、隔绝状态的中美两国交往的大
得了世界。
本来中央批准的邀请方案是不包括美国的，“如美国队要求访华
婉拒”。但是４月６日晚，国内通过密码电话传来指示：“为增进中
运动员和人民之间的友谊，正式邀请美国乒乓球队于31届世乒赛
华。”我用带来的“土密码”——本《中日大辞典》译出指示，赶
代表团领导。
４月７日下午，比赛仍在爱知县体育馆大厅紧张进行。观众为选手
谣球艺欢呼，喝彩，掌声雷动。就在此刻，体育馆地下一层会客厅
“于无声处听惊雷”。中国代表团秘书长宋中紧急约见美国乒乓球代表
责人哈里森，向他转达了对美国乒乓球队的访华邀请。哈里森很是激

中国外務省からの指示を「土密碼（簡単な暗号）」を使い、中日大辞典で指示を解読した」と舞台裏を明かす江培柱氏の回顧録

「ピンポン外交」と「中日大辞典」を巡る江培柱氏の主な記述（要旨）

1971年、第31回世界卓球選手権大会が日本の名古屋で開催された。（中国）外務省アジア局日本課と訪日した代表団との間の「極秘」の指示や報告で、日本最新版の「中日大辞典」を臨時の電信暗号帳として使った。機密の文字は、大辞典のページ数と左右の位置および行数に、固定の数字を追加して電話で伝えた。

４月６日夜、国内から暗号電話による指示が届いた。「中米両国の選手と人民の友情を増進するため、大会後に米国卓球チームの訪中を招聘（しょうへい）する」。私は「中日大辞典」で指示を解読し、急いで代表団の責任者に報告した。

これはおそらく最も原始的で最も解読しにくい暗号通信ではないかと思う。現在、机に置いてある「中日大辞典」を見ると、特定の歴史的な状況の下で「一字千金」とも言える役割を果たしたことを思い出し、実に感無量である。

「江培柱文存　対日外交台前幕後的思

東京新聞（夕刊）　2021年（令和３年）5月31日（月曜日）

（日刊）

東京新聞　夕刊

中日新聞東京本社
東京都千代田区内幸町二丁目１番４号
〒100-8505　電話 03(6910)2211

ヒストリー History

辞典が仲介　ピンポン外交

中国 暗号に活用「米チーム招聘」

50年前の舞台裏 回顧録で判明

一九七一年に名古屋市で開かれた国際卓球大会を通じて米中両国が急接近した「ピンポン外交」を巡り、当時の中国外務省が大会参加中の中国代表団に対し、愛知大編さんの「中日大辞典」を暗号に使い、米国代表チームに訪中を要請するよう指示していたことが分かった。米中国交樹立や日中国交正常化の流れをつくったピンポン外交から五十年の節目に、新事実が浮かび上がった。

（平岩勇司）

中国代表団秘書だった外交官の江培柱氏＝写真「江培柱文存」より＝が二〇一三年、中国で出版した回顧録で明かした。愛知大国際中国学研究センター所長の李春利教授が一九年、米ハーバード大フェアバンク中国研究センターで同書の記述を見つけ、分析していた。

一九七一年三～四月に名古屋市の愛知県体育館で行われた第三十一回世界卓球選手権大会には、中国代表が六年ぶりに参加した。

江氏の回顧録によると、中国外務省は代表団の訪日前から、中日大辞典を使った暗号で連絡すると決めていた。中日大辞典は愛知大が六八年に刊行し、当時唯一の本格的な中国語と日本語の辞書。本国と名古屋で電話をする際、「辞典のページ数と左右の位置、および行数」で機密を伝えたと記している。

李教授によると、暗号は、例えば「960―右―38」と伝えた場合、「中日大辞典の九百六十ページ目の右側、上から三十八行目の漢字」を意味したと考えられる。この方法を一文字ずつ繰り返し、「邀」「請」「美」「国」「隊」（邀請美国隊＝米国チームを招聘する）といった文章にしたとみられる。実際の電話では事前に決めていた余分な数字も加え暗号をさらに複雑化していた。

中国側は当初、敵対関係にある米国の代表チームと接触しない方針だったが、閉会前日の四月六日夜、毛沢東主席の決定を受けた中国外務省が、中国代表団に「米国チームを中国に招聘すること」と暗号電話で指示。江氏は「中日大辞典で指示を解読し、急いで代表団の責任者に報告した」と舞台裏を明かしている。

中国代表団は名古屋市東区のホテルに滞在しており、電話の盗聴や情報漏えいを警戒したとみられる。江氏は「おそらく最も原始的で最も解読しにくい暗号」と記している。

大会後に日本から中国に訪問した米国チームは、周恩来首相の歓迎を受けた。互いに関係改善を模索していた米中は急接近し、翌七二年二月にニクソン大統領が訪中。同年九月には田中角栄首相が訪中し、中国が国際社会の輪に加わる流れが生まれた。

李教授は「ピンポン外交を巡る最後のワンピースがはまった思いだ。米中、日中関係は今も複雑だが、各国が歩み寄ったピンポン外交の精神に立ち返ってほしい」と話している。

中国選手団のバスに誤って乗った米国のグレン・コーワン選手㊨と中国の荘則棟選手。降車後に握手を交わしたシーンが世界に報道され、米中選手団が交流を深めるきっかけとなった＝1971年４月、名古屋市の愛知県体育館前で

「中日大辞典」を使った暗号は「ページ数と左右の位置、行数」で、文章を１文字ずつ伝えていた

ピンポン外交　1971年に名古屋で開かれた第31回世界卓球選手権に、日本卓球協会会長の後藤鉀二（こうじ）愛知工業大学長が、国交のない中国の代表チームを招請。大会中、中国代表団のバスに誤って乗車した米国人選手と中国人選手が贈り物を交わすなど、米中チームの交流が生まれた。中国政府は大会後、米国チームを中国に招待。朝鮮戦争から敵対していた米中に和解の流れが生まれ、「小さなピンポン球が大きな地球を動かした」と言われた。大会会場となった愛知県体育館には2015年にピンポン外交記念モニュメントが設置された。

「ピンポン外交」と「中日大辞典」を巡る江培柱氏の主な記述（要旨）

1971年、第31回世界卓球選手権大会が日本の名古屋で開催された。（中国）外務省アジア局日本課と訪日した代表団との間の「極秘」の指示や報告で、日本語版の「中日大辞典」を臨時の電信暗号帳として使った。機密の文字は、大辞典のページ数と左右の位置および行数に、固定の数字を追加して電話で伝えた。

４月６日夜、国内から暗号電話による指示が届いた。「中米両国の選手と人民の友情を増進するため、大会後に米国卓球チームの訪中を招聘（しょうへい）する」。私は「中日大辞典」で指示を解読し、急いで代表団の責任者に報告した。

これはおそらく最も原始的で最も解読しにくい暗号通信ではないかと思う。現在、机に置いてある「中日大辞典」を見ると、特定の歴史的な状況の下で「一字千金」とも言える役割を果たしたことを思い出し、実に感無量である。

「江培柱文存　対日外交台前幕後的思考（江培柱文存　対日外交の表と裏の考察）」から

注：中日新聞社と東京新聞社の許可を得て掲載。

【参考資料３】

上海交通大学日本研究センター主催シンポジウム

“东亚的理解与共鸣—哈佛大学傅高义教授追思会”

（東アジアの理解と共鳴—ハーバード大学エズラ・ヴォーゲル教授を偲ぶ会）

时　　间：2021 年 1 月 15 日（星期五）北京时间上午 9:00–17:00
地　　点：线上线下结合（线下地点为上海交通大学法学院 202 会议室）
主办单位：上海交通大学日本研究中心
协办单位：日本亚洲共同体人文合作机构、日本国际文化会馆、中国法与社会研究院、哈佛大学美日关系项目、回归未来工作室、兰石研究会

一、开幕致辞（北京时间 9:00–10:30）

主持人：上海交通大学文科资深教授、日本研究中心主任 季卫东
致辞嘉宾：

1 上海交通大学党委副书记 周承
2 日本原首相福田康夫先生的代表
3 中国前驻日大使 程永华
4 哈佛大学费正清中国研究中心主任 宋怡明（Michael Szonyi）
5 美国布鲁金斯学会约翰・桑顿中国中心主任 李成
6 美国卡特中心中国事务高级顾问 刘亚伟
7 万科集团创始人兼董事会名誉主席 王石
8 傅高义先生之子、加州伯克利大学经济政治学系主任 史蒂文・沃格尔（Steven Vogel）

二、主旨演讲（北京时间 10:30–12:00）

主持人：上海交通大学日本研究中心副主任、外国语学院党委书记 丁剑

主旨演讲者：

1 中日友好二十一世纪委员会日方委员、日本防卫大学前任校长、兵库县立大学理事长 五百旗头真

2 美国美利坚大学国际关系学院教授、亚洲研究理事会主席 赵全胜

三、圆桌讨论（北京时间 13:30–16:30）

主持人：上海交通大学文科资深教授、日本研究中心主任 季卫东

讨论嘉宾：

1 共识网创建人、《领导者》杂志主编 周志兴

2 美国美利坚大学国际关系学院教授、前院长 路易斯·古德曼（Louis W. Goodman）

2 北京大学国家发展研究院教授 杨壮

4 上海日本学会名誉会长、上海国际问题研究院资深研究员 吴寄南

5 清华大学当代国际关系研究院教授、副院长 刘江永

6 复旦大学国际问题研究院教授、美国研究中心前主任 沈丁立

7 TGK-Japan 总裁、日本贸易振兴会（JETRO）理事 理查德·迪克（Richard Dyck）

8 日本爱知大学经济学院教授、国际中国学研究中心主任 李春利

9 上海交通大学国际与公共事务学院特聘教授、台湾研究中心主任 林冈

四、会议总结（北京时间 16:30–17:00）

主持人：上海交通大学日本研究中心副主任、外国语学院党委书记 丁剑

1 上海社会科学院国际问题研究所所长、上海国际关系学会副会长王健

2 上海交通大学文科资深教授、日本研究中心主任 季卫东

【参考資料４】

米国大学サロンと中美印象網主催シンポジウム

“为学与为人—傅高义教授追思会”

（学問と人柄—エズラ・ヴォーゲル教授を偲ぶ会）

■时间与会议信息

美东时间：2021 年 1 月 9 日　周六 8:00–23:30

北京时间：2021 年 1 月 10 日　周日 9:00–12:30

■讲座内容

东亚研究泰斗，哈佛大学“日本先生”、“中国先生”傅高义教授于美国时间 2020 年 12 月 20 日逝世，享年 90 岁。大学沙龙（University Salon）与中美印象网（US-China Perception Monitor）联合邀请到傅高义教授的夫人艾秀慈（Charlotte Ikels）教授及十余位来自美国、日本、中国的知识界名人，一起缅怀傅高义教授的为学与为人，追思他为学术圈、政策圈留下的珍贵遗产。

■特别出席

◆艾秀慈（Charlotte Ikels）教授，傅高义教授夫人，将在追思会的最后致辞。

■演讲嘉宾（按中文姓氏拼音字母顺序排列并发言）

◆戴慧思（Deborah Davis）

耶鲁大学社会学荣休教授，大学沙龙董事。曾任耶鲁大学全球化研究中心学术项目主任、社会学系主席、东亚理事会主席和女教师论坛联合主席。自 2016 年以来，她一直是上海复旦大学的杰出客座教授和清华大学施瓦茨曼学院教授。她目前担任《中国季刊》和《中国评论》的编辑委员会成员，并担任香港中文大学大学服务中心图书馆顾问委员会主席。

◆高原明生（Akio Takahara）

东京大学研究生院法学与政治学系和公共政策系当代中国政治学教授。他于 1988 年从英国萨塞克斯大学（Sussex University）获得博士学位，后来在香港日本总领事馆、日本驻华使馆任职，并在哈佛大学、北京大学和德国墨卡托中国研究机构任访问学者。他曾担任日本亚洲政经学会理事长、新日中友好二十一世纪委员会秘书长等职务。他的著作有“*The Politics of Wage Policy in Post-Revolutionary China*”和《日中关系史》（合著）。

◆傅士卓（Joseph Fewsmith）

美国波士顿大学国际关系与政治学教授，波士顿大学跨学科东亚研究项目主任，哈佛大学费正清中国研究中心研究员，芝加哥大学政治学博士。其研究领域包括比较政治学、当代中国政治与外交。

◆傅泰林（M. Taylor Fravel）

美国麻省理工学院政治学系教授，MIT 安全研究项目（The Security Studies Program at MIT）主任，美中关系全国委员会委员，斯坦福大学博士。其研究领域包括国际关系与国际安全问题、当代中国与东亚研究。

◆甘琦（Gan Qi）

香港中文大学出版社社长，负责主持傅高义《邓小平时代》《中国和日本》全球中文版出版及出版代理工作。北京大学历史学学士，美国华盛顿大学（University of Washington, Seattle）国际研究硕士，北京万圣书园联合创办人，历任香港 Tom 出版集团出版总监，英国 Verso 出版社纽约分社社长。

◆胡晓江（Hu Xiaojiang）

哈佛大学社会学博士，师从傅高义教授。北京师范大学社会发展与公共政策学院教授、博士生导师。主要研究领域有医学社会学、卫生政策、关于疫苗的社会学研究，曾在《中国研究》《柳叶刀》《疫苗》等刊物上发表论文。

◆陆伯彬（Robert S. Ross）

哥伦比亚大学政治学博士，现任波士顿学院政治学教授，同时也是美国国会中美关系工作组学术顾问组的一员。研究兴趣包括中美关系、中国外交政策、中国谈判行为、中国安全与防务政策。

◆李春利（Li Chunli）

日本爱知大学国际中国学研究中心主任，经济学院教授，爱知大学—中国人民大学—南开大学联合培养博士双学位课程博士生导师，东京大学经济学博士。英国 QS 大学排名榜评审专家，教育部长江学者海外评委。曾任哈佛大学费正清东亚研究中心访问学者、亚洲中心高级研究员（fellow）、麻省理工学院国际汽车研究计划（MIT · IMVP）兼职研究员、浙江大学讲座教授、南开大学兼职教授等职。

李教授正在主编“爱知大学国际中国学研究中心特别纪念出版”《哈

佛大学名誉教授 傅高义的最后一课：永远的邻居》（傅高义、李春利著，日文版），该书将由日本 ARM 出版社 2021 年出版发行。

◆宋怡明（Michael A. Szonyi）

哈佛大学东亚语言文明系中国历史学教授，费正清中国研究中心主任。大学沙龙董事会主席。他擅于利用历史人类学和田野调查方法研究中国东南地区的社会史，目前正致力研究明朝军户的历史。宋怡明教授早年于加拿大多伦多大学获得学士学位，后来在英国牛津大学获得博士学位。他曾先后到台湾大学和厦门大学访学。

◆益尾知佐子（Chisako Masuo）

东京大学博士，现为日本九州大学比较社会文化研究院副教授，中文名叫苏琪。傅高义专著《中国和日本》和《邓小平时代》的日文版译者。2004–07 年曾担任傅高义的研究助手，2014–15 年应邀再任哈佛燕京学社学者，与傅高义教授合作研究。益尾教授曾在北京大学国际关系学院进修过两次。她的主要著作包括：《中国的行动原理》（中公新书）、《中国政治外交的转折点》（东京大学出版社）、《中国外交史》（东京大学出版社，合著）。

◆盛平（Sheng Ping）

中国现代史学者，胡耀邦史料信息网总编辑，电子期刊《耀邦研究》主编。主要研究方向为中国八十年代改革开放史。出版有《胡耀邦思想年谱》（上下卷）、《胡耀邦年谱资料长编》（上下卷）、《各国公务员制度》《西方文官系统》《各国政府制度》等著作。澳洲国立大学、日本庆应大学、哈佛大学费正清中国研究中心访问学者，与傅高义教授共同研究胡耀邦生平历史。

◆吴怀中（Wu Huaizhong）

中国社会科学院日本研究所副所长、研究员、法学博士，中国亚太学会常务理事、中华日本学会常务理事。1991 年毕业于（北京）国际关系学院，获得文学学士。1994 年毕业于北京外国语大学，获得文学硕士学位。2005 年毕业于日本名古屋大学，获得法学博士学位。2005 年至今在中国社会科学院日本研究所工作。

◆吴心伯（Wu Xinbo）

复旦大学国际问题研究院院长，教授，博士生导师。教育部人文社科重点研究基地复旦大学美国研究中心主任，外交部第四届外交政策咨询委员会委员，复旦发展研究院副院长，中国亚洲太平洋学会副会长，中华美国学会常务理事，上海市国际关系学会副会长，上海美国学会副会长，上海市美国问题研究所所长。

◆于铁军（Yu Tiejun）

北京大学国际关系学院教授，北京大学国际战略研究院副院长。主要研究方向包括东亚国际关系、国际政治理论、国际政治思想史和国际安全。

◆周志兴（Zhou Zhixing）

曾任中央文献研究室刘少奇研究组助理研究员，中央文献出版社副社长。1996–2003 年任职凤凰卫视。创办《凤凰周刊》杂志，任社长。参与创办凤凰网，任总裁。2003 年创办《财经文摘》杂志、《领导者》杂志、共识网、钝角网等媒体品牌，2017 年创办美中新视角基金会，2018 年创办西太湖全球公司发展论坛，2020 年创办南翔书苑。

■嘉宾发言主持人

◆王开元（Wang Kaiyuan）

大学沙龙（University Salon）资深志愿者，哈佛大学费正清中国研究中心研究员，纽约经济俱乐部成员，肯尼迪总统图书馆基金会董事。曾先后在哥伦比亚大学SIPA、哈佛大学肯尼迪政府学院和法学院访学。

■观众提问主持人

◆刘亚伟（Liu Yawei）

中美印象网站（US-China Perception Monitor）主编，美国外交学会会员，亚特兰大中国研究中心副主任，埃默里大学政治学系兼职教授。1996 年获埃默里大学美国外交史博士学位，1998 年进入卡特中心工作，2008 年出任中国项目主任。中美印象网站（cn3.uscnpm.org）创办于 2014 年 9 月，是全球唯一专门关注中美关系的中文网站。

THE LAST LECTURE:
Remembering Ezra Vogel

Chunli Li
(李　春利)

Director, International Center for
Chinese Studies, Aichi University

Ezra was a master of napping. He could slip off into a nap on the stage of a conference or seminar, on the train, or anywhere and then rouse himself later on into immediate awareness.

I still remember clearly the first time I met Ezra in 1996. I was at an international symposium on the U.S., China, and Japan at the International House of Japan in Tokyo, and Ezra had left the room for a while after lunch. When he returned to the venue, he told us with a little embarrassment, "I was actually just taking a nap."

The memory still remains with me that the participants at the venue burst out laughing at his honesty. Later, by chance, I stayed at the Fairbank Center for East Asian Studies at Harvard University as a visiting scholar from 2004 to 2005, and as a fellow at the Asia Center from 2018 to 2019 with my exchanges with him deepening further over each of those one-year periods. This also afforded me more opportunity to witness Ezra napping.

I became interested in Japan after reading Ezra's famous book, *Japan as Number One*. After studying in Japan, I came to teach at Aichi University. During my stay at Harvard, I participated in various events organized by Ezra, and was even invited to his home for lively discussions. He was very pleased when I told him that Professor John King Fairbank had also been invited to Aichi University to give a lecture.

In May 2009, I was invited to speak at a Fellows Seminar organized by the Asia Center at Harvard University on the topic of "The Social Cost of Automobiles and Environment Policies in Asia: A Comparative Study on China and Japan." Ezra served as the chair, and Professor Andrew Gordon, acting director of the Harvard Yenching Institute, and Professor Michael McElroy, chair of the Harvard-China Project, served as discussants. The professors' stimulating comments and lively discussions proved to be very useful for my research.

In November 2019, when Ezra visited Hong Kong and Japan to coincide with the publication of the Chinese and Japanese editions of his last book, *China and Japan: Facing History*, he gave a lecture at the "Open Lecture on China" organized by Aichi University in Nagoya. About 1,000 people attended this lecture, and since there were many more applicants, we had no choice but to draw lots to grant admission. At the end of the session, I asked Ezra what message he would like to give to the students of Aichi University. This is what he said:

> *As one of my mentors in graduate school told me, and I tell my students, the most important part of studying sociology is making friends. It takes a lot of effort and work to understand your friend's point of view, but this is how we are able to learn so much. Friends can teach you essential things that will lead you to a deeper understanding of their society.*

Oddly enough, this was Ezra's last lecture in Japan. In commemoration of this event, and in order to preserve a record of this lecture, we have decided to publish a book of that lecture entitled *The Last Lecture: Ezra Vogel on China and Japan* (Ezra F. Vogel & Chunli Li; published by ARM Publishing House) in August 2021 as a special commemorative publication of the Aichi University International Center for Chinese Studies.

In his talk at Aichi University, after sharing his message to the young students, Ezra reflected on his own journey:

> *I remain happy that I made so many Japanese friends when I was young. I still keep in touch with them; in fact, the friend that I will be meeting tomorrow is someone I have known since 1959. I think there is no better way to understand a country than through friends, because you can have fun while deepening your understanding.*
> (*The Last Lecture: Ezra Vogel on China and Japan*)

Ezra cherished his friends through his 90 years of life. There is no doubt that, even in heaven, he is still surrounded by many friends, happily chatting.

(There is a YouTube of Ezra Vogel's last lecture in Japan on the US-based Chinese website "haiwaikanshijie", which can be viewed using this QR code.)

* This essay will be included in *Remembering Ezra Vogel* (forthcoming), a collection of essays of personal reminiscences published jointly by the Fairbank Center for Chinese Studies and Reischauer Institute at Harvard University.

＊このエッセイは、ハーバード大学フェアバンク中国研究センターとライシャワー日本研究所が共同出版する英語の追悼文集 *Remembering Ezra Vogel*（『エズラ・ヴォーゲルを偲ぶ』、仮題）に収録される予定である。

『海外看世界』（中国語）

傅高义先生的遗言：中日两国是永远的邻居

日本爱知大学国际中国学研究中心主任，
哈佛大学亚洲中心前高级研究员

李　　春 利

一

惊闻哈佛大学名誉教授傅高义（Ezra F. Vogel）先生刚刚走了，一切都那么突然。上个月 11 月 23 日我还跟他通邮件，说今天是日本的“勤劳感谢日”，全国公休日，也正好是您在爱知大学讲演会 1 周年。

同时，我向他汇报了我正在编撰的爱知大学国际中国学研究中心系列丛书第 1 册《傅高义讲演录 永远的邻居》的进展情况。附上了他的讲演录校对稿，还有我撰写的导读文章等，请他核对一下。经傅先生的同意，这本书将由日本あるむ -ARM 出版社近期出版发行。

傅先生第二天就回信了，说他对爱知大学之行印象深刻，感谢爱知大学的热情款待，感谢我特意到东京国际文化会馆接他到名古屋，他感到十分愉快。现在略有一些健康问题，不过答应过的线上讲座还准备参加。出版校对之事，

全权委托给我。

我略有一些担心，不过老先生一向乐观开朗，而且胃口一直很好。记得去年讲演会开始前，在我主持的“欢迎哈佛大学名誉教授傅高义先生午餐交流会”上，老先生健啖且健谈，与远程来参会的国会议员、前任知事、著名财团理事长和知名媒体人等交流互动，兴致勃勃。

他又擅长见缝插针式的打盹，这也许是他健康长寿的秘诀之一吧。在我们乘新干线来名古屋的列车上，短睡之后，他翻开他的新著 *China and Japan: Facing History*（中文繁体版《中国与日本：1500 年的交流史》），兴致勃勃地给我看。他在该书第 5 章里花了 10 多页篇幅特别介绍了爱知大学的前身・上海东亚同文书院、其经营母体东亚同文会及其创建的经过，包括与湖广总督张之洞的交流和两江总督刘坤一对创办同文书院的支持等等。其中不少内容连我都是头一次听说，真是长见识、开眼界了。先生不愧是公认的讲故事高手。

二

先生在出版畅销书《邓小平时代》之后，耗时 7 年，查阅了大量资料，采访了无数当事人，撰写了这本跨越 1500 年历史的《中国与日本》。这次合日文版上市，他特意来到日本，也应邀专程来到爱知大学，讲述他撰写此书的动机和心得。从今天看来，这本长达 500 页的专著堪称是傅高义先生波瀾壮阔的人生的毕业论文了。

他从上世纪 50 年代开始潜心研究日本和中国，长达 60 余年，马不停蹄地进行实地调研和对当事人访谈，积累了超过一个甲子的功力。他究竟要传输什么样的信息给我们呢？或者说，他的毕业论文中留下什么样的遗言给后人呢？

下面摘录两段在爱知大学的讲演录原文，摘自《哈佛大学名誉教授 傅高义的最后一课：永远的邻居》（傅高义、李春利 著，日本 ARM 出版社，

2021 年）。

“最近 7 年来，我一直在研究日本和中国的历史。其中，对爱知大学和二战前的东亚同文书院之间的关系也非常感兴趣。爱知大学在战后的日中关系中起到了重要的作用，因此我在撰写《中国与日本》这本书的时候，就一直想有机会访问爱知大学。在日本全国的大学里，拥有以中国为主题的学院，也就是现代中国学院，也只有爱知大学。”

在开场白之后，他谈及了自己与日本和中国的渊源以及创作的动机。

“我于 1958 年第一次访问日本，之后每年至少来一两次，非常幸运认识了许多日本朋友。第一次去中国是在 1973 年，1980 年又逗留了两个月。那以后，我每年都访问中国，结识了许多中国朋友。我衷心希望日本和中国都能够取得成功。但是在 2010 年，中日两国的关系跌落到自第二次世界大战以来的谷底，我开始思考如何让两国关系得到改善。

当时，我站在一个特殊的立场。我在日本出版了畅销书《Japan as No.1：日本第一》，在中国也出版了畅销书《邓小平时代》，可以说我与两个国家都有些关系。中国人写书，日本人怀疑其可信性；反之，日本人写书，中国人也同样怀疑其可信性。我作为双方的朋友，可以尽可能客观而且公平地说明中国和日本双方的观点。

中文里有句话，叫做‘旁观者清’。意思是从外边看过去，反而可以站在客观的立场上。我作为旁观者，或许可以客观地进行写作。”

傅高义先生在爱知大学讲演会的题目是：“永远的邻居：从日中历史中探索亚洲的未来”。亚洲的历史，从某种意义上说，其主要部分还是由中国和日本这两个国家为主撰写的。而这两个国家的关系，将很大程度上决定亚洲未来走向的主旋律。作为永远的邻居，中日两国都需要放眼未来的战略家和战略性思维。这种广阔的视野，或许就是傅高义先生留给后人的遗产或者遗言。

三

再推前几个月，2020 年 7 月 11 日，傅高义先生迎来了 90 岁华诞。我用中日英 3 种文字写了给老先生的生日贺信，并附上了爱知大学编辑好的讲演会全程视频，也就是本文末尾附上的链接和二维码。

傅先生马上就回信了，说他很幸运，身体健康而且拥有许多好朋友，还没忘记祝贺我当选爱知大学国际中国学研究中心主任。他看了视频，还问我怎样才能知道有多少人看过这个视频。虽然年逾九旬，他依然有一颗少年般的好奇心和对新事物的热情，依然能够和各个年龄段和各个国家的人交朋友，充满了人情味和爱心。

或许，这就是傅高义先生漫长的学术生涯和人生成功的奥秘之所在。敞开胸怀，广交朋友，坦诚相待。仁者寿也，名副其实。

实际上，我直到今天还在校对傅高义先生的讲演录和我的导读文章的原稿。这些天一直忙着整理傅先生讲演会的照片，先生出版的大量著作的旧照，还有他在书中谈到的历史人物的老照片，想赶在圣诞节前脱稿……没想到历史真的就在圣诞前夕定格了。

祝傅先生一路走好！是您的名著《日本第一：Japan as No.1》引导我来到日本，也引导我两次到哈佛大学访学：第一次在费正清东亚研究中心做访问学者（2004 ～ 05 年），第二次是在傅先生创办的亚洲中心做高级研究员（Fellow、2018 ～ 19 年）。

尤其在第二次访学期间，非常幸运每周都能够聆听您的讲座，也衷心感谢您在 2019 年 5 月亲自主持我在哈佛亚洲中心的讲演会，同时感谢哈佛燕京学社执行社长安德鲁・戈登教授（Andrew Gordon）和哈佛中国能源经济与环境项目主任迈克尔·迈克艾洛伊教授（Michael McElroy）的精彩点评。

记得当时讲演会的题目是：

“The Social Cost of Automobiles and Environment Policies in Asia: A Comparative Study on China and Japan”

（汽车的社会成本与亚洲环境政策：中国·日本比较研究）

最后分享一下我珍藏的傅高义先生在爱知大学讲演录视频。这是傅高义先生生前在日本的最后一场讲演，随后他就返回美国了。2019 年 11 月 23 日，爱知大学两个会议大厅爆满，以至于不得不抽签参会，共有大约 1000 人参加了这场盛会。

谁想到才时过一年，竟成了绝唱！可惜我不能把这本新书送到您的手里了。然而，老先生的音容笑貌依旧，讲演时“活到老，学到老”的名言和身体力行的傅高义精神犹在。只是，老先生自己乘鹤西去了，大概正在彼岸与他的亲朋好友们一起畅谈叙旧吧。

合掌。

2020 年 12 月 21 日冬至

于日本名古屋

【参考資料】傅高义教授在日本爱知大学讲演录视频链接

爱知大学中国公开讲座⑳　2019 年特别篇

嘉　　宾：哈佛大学名誉教授 傅高义（Ezra F. Vogel、エズラ・F・ヴォーゲル）

讲演题目：“永远的邻居：从日中历史中探索亚洲的未来”

时　　间：2019 年 11 月 23 日（周六）

© 爱知大学提供

链接

https://www.youtube.com/watch?v=N1kygn7lOqI

注：このエッセイは米国の中国語サイト『海外看世界』（全球華人論壇主宰、2020 年 12 月 25 日掲載）より許可を得て転載し、一部加筆修正した。

第 3 部

資 料 編

【資料1】

『東亜同文書院興學要旨』と『立教綱領』について

李　春利

東亜同文書院大学は1901年から1945年まで中国・上海で45年間の長きにわたり、教育事業を展開してきました。同校の長い歴史を理解するうえで、その原点にさかのぼり、検証することが必要です。同文書院が残した膨大な中国調査研究の史料の中で、創立の経緯に関する最も重要な文献は、その設立の趣旨及び教育の基本方針を示した『東亜同文書院興學要旨』と『立教綱領』を挙げることができます。幸いなことに、今から120年前に作成されたこの2点の貴重な文献はまだ愛知大学図書館に残っており、それによって、当時の歴史の一幕を再現することができるようになりました。

東亜同文書院初代院長であった根津一が1900年に、東亜同文会会長近衛篤麿の意を受けて、南京で清朝の両江総督劉坤一と会談しました。その際に、彼があらかじめ起草し提出した『東亜同文書院興學要旨』と『立教綱領』は、その後、約半世紀にわたり、同文書院の建学の精神と教育の指導要領として脈々と伝えられてきました。両文献の全文は今、愛知大学東亜同文書院大学記念センターの玄関ホールに飾ってあります（本書pp. 150～151写真参照）。

両文献はいずれも漢文で書かれ、前者は1,600字余り、後者は1,200字ほどの長文です。漢文表記にしたのは、清朝の指導者や一般人にその設立趣旨を広く理解してもらうためでした。実際、これを読んだ劉坤一と張之洞の両総督はあらためて賛同と協力の意思を明確にしたと伝えられています（藤田佳久、前掲書、p. 28）。

両文献の原文は漢文で書かれているため、日本語で読むよりは中国語で読んだほうがよりストレートに文章の意味が伝わってきます。初めてこの文章に接した時の第一印象は、いまだに鮮明に私の記憶に残っています。外国人にしてよくもここまで格調高い漢文をしたためることができたと素直に感心しました。また、中国における外国の大学はよくもこのような建学の精神を掲げているものだと意外に感じたこともあります。

根津一は『清国通商綜覧（そうらん）』（上中下 3 巻、日清貿易研究所、1892 年〈明治 25 年〉刊行）を編纂刊行したことがあり、2,000 ページにのぼるこの中国商業地理に関するヒット作をほとんど独力で完成したとも伝えられています。根津のような明治時代の教育者がもつ中国の古典に対する深い教養と現実に対する深い洞察力が、その後の同文書院の中国調査旅行や『中国調査旅行報告書』といった優れた教育研究の成果を生み出した原動力と言っても過言ではありません。根津は実に 20 年以上にわたり東亜同文書院の院長を務めつづけ、現場重視の書院教育の骨格を作り上げ、本書の解説文で紹介した数々の調査研究の成果を世の中に送り出したのです。

愛知大学名誉教授で東亜同文書院大学記念センター初代センター長の今泉潤太郎先生が 2009 年に、「東亜同文書院『興学要旨』、『立教綱領』を読む」と題した論文を愛知大学東亜同文書院大学記念センター『オープン・リサーチ・センター年報』（第 3 号）に発表しました。その中には、これらの貴重な文献の原文ならびにその読み下し、さらに、その経緯と表現に関する研究の成果が収められています。筆者自身も同論文に登場していたこともあり、この度、今泉教授の承諾を得て、資料として原文と読み下し、そして論文の一部の抜粋を収録させていただきました。より分かりやすくするために、年号など一部については西暦をつけました。より詳しく知りたい方は、元論文をお読みになることをお勧めします。愛知大学リポジトリで論文の電子版が公開されています。筆者の解説よりは、直接原文に触れていただいたほうが歴史の息吹きを感じ取ることができるかもしれません。

〔追記〕両文献の難しい漢文の入力と読み下し、およびルビの振り付けなどについては、愛知大学講師の石田卓生博士と事務職員の瀬名雅芳氏に多大なご協力をいただいた。

東亞同文書院興學要旨（明治三十四年八月）

講中外之實學。教中日之英才。一以樹中國富强之基。一以固中日輯協之根。所期在乎保全中國。而定東亞久安之策。立宇內永和之計。

中國之於東亞。封土民衆。竝居什之九。其於日本。書同其文。民同其俗。誼則隣友。情則兄弟。脣齒之形也。虞虢之勢也。其安危興亡。不獨爲中國官民之休戚。不待識者而知矣。且夫四百餘州之廣土。盡宇內之雄圖。而統治之綱弛于內。四億餘萬之衆民。據六合之上游。而危疑之情見于外。山澤之富。開市之利。爲海外列國所羨望奔競者。且數十年。熙熙攘攘。來往於此者。不知其幾千萬人。然而疆封不移。金甌無缺者。誠以列强之均衡未失其平。彼此形格勢禁。莫敢發難端焉耳。蓋千鈞之重。加銖兩而移。割讓之失。雖尺地寸土。而足以動列强之均衡。均衡一動。則列强竝起。求所以保持其平者。是固其所不得已。求而得之。則啓中國分崩之端。不得則爲東亞動亂之階。是亦勢之所不可禁。要之割地之事一行。而中國之危急不可救。東亞之禍亂不可防。餘勢所及。安知不以至於攪擾宇內萬邦之平和耶。果然保全中國。乃所以保東亞之安全。保全東亞。乃所以保宇內之平和也。顧東亞之邦。惟中國爲大。惟日本爲强。若夫强與大相輯協。內講自疆之策。外修柔遠之道。始可以有爲於東亞。雖然中國之國勢如彼其衰也。國步如彼其艱也。卽與共提挈拮据。可以謀小功。未可以立大計。可以圖苟安。未可以保久全。乃知非及今挽回中國之頽勢。而致其富强。則中日輯協功效。不可得而完也。夫中日不輯協。不可謀東亞安全之事。中國不富强。不可完中日輯協之效。則東亞志士之務。尚有急於樹中國富强之基。固中日輯協之根者乎。

富國强兵之道不一。而莫若興學校養人材之最捷且便焉。何者。國之富强。以民之智德爲本。民之智德。以士大夫之智德爲準。而學校者。賢士大夫之所由出也。顧孔孟仁義之教。中日之所千百世紹述尊奉。以爲修身治國之訓者。建諸天地而不悖。質諸鬼神而無疑。歐美格致之學。日本之所數十年採納咀嚼。而爲利用厚生之法者。講習之精。運用之妙。比諸泰西列國。殆不多讓。今兩國先進。協心戮力。大興學校於中國之都邑。集兩國士民之俊秀。授之以仁義忠孝之教格物致知之學。參之以語言文字官商實用諸科。砥砺其德性。啓發其智能。則東亞人材之勃興。可翹足而待矣。而先達士大夫。又從而援引保薦。使之得展驥足。則可以輔治道。可以發利源。可以化民易俗。可以折衝禦侮。誠如是。欲國之不殷富兵之不强盛。豈可得乎。輯甯協戮之端不一。而莫若教育協同之尤多功而無失焉。何謂之教育協同。以彼我師友育彼我子第是已。今夫通謀於軍國之政。緩急相援。內外相應。謂之政治協同。合力於貨殖之業。有無懋遷。短長資補。謂之商工協同。此二者竝協同之重且大者。其全邦交敦隣誼之功深且遠矣。中日之不可一日怠於此。固無庸論也。雖然軍國之利害。商工之得失。不必彼我同撰。時或權略行於其間。以使人有隔靴搔痒之嘆。雖有協同之義者。往往不免焉。至於教育協同則不然。其所期。惟智德之發達耳。其所事。惟子第之教養耳。其進也以禮。其合也以義。曾無利害得失爲之芥蒂。復何用夫權術機略爲。且夫情莫密於父子。誼莫厚於師弟。師之所倡道。乃弟子之所服膺。子之所愛敬。乃父之所親信。其情誼使然也。今兩國先進杖中日輯協之大義。而養兩國士民之子弟。則中日輯協之大義。不獨爲學生之持論。而將爲兩國士民之公論。掌教之先輩。得業之上士。不獨爲學生所愛敬。而將爲兩國士民所親信焉。輯甯協戮之根基。豈有固於此者哉。

遠遡之上世。原彼我邦交之源委。自周漢以及唐宋。彼常爲我之師表。彼之典章文物。常爲我之模範。禮樂刑政教化之興。以至醫卜曆數技藝百工之事。學於彼而資於我者。不可勝數。輓近國家採歐美日新之學術。而咀嚼其精華。張政綱。振國力。興人文。養民智。行之三十年。國勢之盛。文運之隆。將駕英美德法而出其右矣。雖曰應時勢制機宜。舍腐取新。去名就實之所致。而非有友邦禮文。數千百年蕃衍盤結爲之根底。焉得一躍而進於宇內雄邦之列耶。中國之德於我大矣。我之所負於中國者重矣。縱令彼我之間。無唇齒之形。虞虢之勢。我固當務所以報德酬恩者也。比年中國昊天不弔。內外多難。國步日艱。上下困頓。朝夜艱亂。而利用厚生之術未講也。富國强兵之計未立也。殆所謂危急存亡之秋也。夫人荷先師之恩德。而不救遺孤之危亡。雖至不仁者不忍焉。況稱爲東海君子國者乎。

立教綱領

德教爲經。據聖經賢傳而施之。智育爲緯。特授中國學生以日本言語文章。泰西百科實用之學。日本學生。以中英言語文章。及中外制度律令商工務之要。所期在乎各自通達强立。成國家有用之士。當世必需之才。

國家有用之士。要明至誠報國之大義。通利用厚生之實務。當世必需之才。要審四海萬邦之形勢。諳救世濟時之術策。二者一而不二。二而不一。是本書院之所以德教爲經。智育爲緯。以組織立教之綱目也。蓋六經四子。古先聖賢所以修身齊家平天下之法也。傳所謂本諸身徵諸庶民。百世以俟聖人而不惑者。實存乎此矣。德教之本。道學之源。莫得而加焉。然自西學之入我邦也。學者往往束之高閣。而不復講。有識之士。深以爲憾焉。故本書院。首設經學之科。講明先聖先儒之大道。以爲窮理正心修己治人之本。所要於中國。莫切於文明利器。所闕於華人。莫甚於泰西科學。夫唯泰西科學有闕。是以文明利器不備。夫唯文明不備。是以富國强兵之事不就緒。乃知泰西科學之攻修。爲中國學生所尤宜致心力者也。退而思之。泰西列國。其於科學也。各有短長精麤。苟欲就其長而取其精。宜先曉各國之言語辭文。是豈可勉强於期月之間而得者乎。我邦修西學。三四十年矣。始者取諸荷。其次取諸英與美。又其次取於法於德於伊。然專乎彼者。必遺乎此。精於一者。必麤於二。戛戛乎其難哉。今則學者概諳列國之言文。聽於其人。觀於其書。就其長者而究之。擢其精者而萃之。垂諸文。以爲後進階梯。而我邦之科學。幾乎大成矣。夫華之與我。幸有同文之惠。華人之學我言辭。與泰西言辭孰難孰易。不較而明矣。今授中國學生以我言語文章。使得師我人。由我書。以學日用百科。則列國之言文不待學。列國之長短不待較。泰西科學之精華。其如指諸掌歟。且夫中日之輯協。中國之福也。日本之文事武備。中國之模範也。中國之資於我。而補於彼者極大矣。華人之不得於彼。而有待於我者極多矣。觀光之行。負笈之遊。將共年益進矣。凡華人所須要於我言語文辭者。指不勝屈。本書院以日本言文。加乎實用百科之上者。以此故也。

日本學生。概取諸中學既成之後。故所闕如於此輩。不在乎泰西科學。而在乎中國時務。不在乎歐美之典章文物。而在乎中國之情形民物之動靜。顧兩國士民之相阻隔也久矣。彼我相視。殆如秦越肥瘠。今也。東亞時局之危急已如彼。中日輯協之緊要已如彼。先覺先憂之志士。依唇齒輔車之誼。倡曲突徙薪之說。又已如彼。而兩國輿論未定也。衆心未警也。姑息之眠偸安之夢未覺也。所以然者何哉。無他。審中日之情僞東亞之形勢者。寥乎未遍於府縣是已。故本書院之徵學生。博求於各府各縣。而不偏於一方一局。且謀於各府縣。而致公費留學生。待其學業成就。散之於兩國之官鄕。一以助經國利民之業。一以講善隣修睦之道。則庶幾兩國之形勢情僞。由是漸通。彼我輯協之端。由是漸開。所謂政治商工之協同。亦由是漸進。而中國富强之基礎。遂就其緒矣。然則爲本書院之學生者。宜爲中日輯協之媒介。爲中國富强之鼓吹。爲東亞經綸之木鐸者也。故本書院。特課此輩以中國言語文章。制度律令商工務之要。以期其精通於中國之情形。當世之要務。若夫泰西理財工藝邦交之術。及各國言語文辭之學。凡有益於東亞時局者。當博求精擇而授之。以補其不逮也。

本書院立教之綱領實如此。切望學者由是而辨至誠報國之大義。識利用厚生之實務。通四海萬邦之形勢。曉救世濟時之術策。以成國家有用之材。當世必需之才。豈不懿哉。

『東亜同文書院興學要旨』と『立教綱領』作成の経緯

今泉 潤太郎

1899年（明治32）10月、東亜同文会会長近衛篤麿は欧米各国歴訪の帰途、南京に両江総督劉坤一を訪問し、東亜同文会の主旨を説明すると共に、南京に設置する学校の計画を述べ、劉の賛同を得るに至りました。

この学校は「南京同文書院」といい、翌年の1900年（明治33）1月に開設され、5月に入り僅か十数名の学生を収容して開校されました。ほぼ同じ頃、院長予定者であった佐藤正東亜同文会幹事長の辞任に伴い、近衛会長の要請を受けて急遽、院長に就任した根津一は、近衛会長の意を体して代理として劉坤一総督と会談し、「創立南京同文書院要領　興學要旨、立教綱領」を提出すると共に、東亜同文会では将来、上海に大規模な学校を設けて南京同文書院を併合する計画のあることを説明し、劉の共感と同意を得たのです。

こうして南京同文書院は開学されたものの、折からの義和団事件による影響を蒙り、同年8月、上海に移転せざるを得なくなり、結局は1901年（明治34）5月に開学された東亜同文書院に合併されることになります。

『興學要旨』と『立教綱領』の作者

さて、『山洲根津先生傳』（1930年〈昭和5年〉東亜同文書院滬友同窓会編）によれば、「…劉坤一に会見す。先生、氏に向い豫ねて作成し置ける東亜同文書院の綱領を示したるに…」とあります。作者について触れる資料で時期的に言えば、最も早いものです。ここで言う綱領は、南京同文書院の綱領であるとも理解されますが、いずれにしても次項以下で示すように、共に根津の作成したものと見なしてよいようです。

なお『近衛篤麿日記 第2巻』所載の1899年(明治32年)12月2日の項に、佐藤正幹事長の「南京同文學堂設立意見書」(1897年〈明治30年〉11月)が記載されております。内容は、第一 興立の主旨、第二 教授の綱領並目的、第三 名称、第四 学科、第五 細則、別表第一部 本科学課及其程度配当表となっております。この中で、第一 興立の主旨と第二 教授の綱領並目的は、いくつかの点で『興學要旨』、『立教綱領』に関連させて論じることができそうです。

(以下省略)

(出典：今泉潤太郎「東亜同文書院『興学要旨』、『立教綱領』を読む」、愛知大学東亜同文書院大学記念センター『オープン・リサーチ・センター年報』、第3号、p. 226 、2009年3月より。https://bit.ly/3nIUNfR)

東亞同文書院興學要旨

（明治三十四年〈一九〇一年〉八月）

講中外之實學。教中日之英才。一以樹中國富強之基。一以固中日輯協之根。所期在乎保全中國。而定東亞久安之策。立宇内永和之計。

中國之於東亞。封土民衆。竝居什之九。其於日本。書同其文。民同其俗。誼則鄰友。情則兄弟。唇齒之形也。虞虢之勢也。其安危興亡。不獨爲中國官民之休戚。不待識者而知矣。且夫四百餘州之廣土。盡宇內之雄圖。而統治之綱弛于內。四億餘萬之衆民。據六合之上游。而危疑之情見于外。山澤之富。開市之利。爲海外列國所羨望奔競者。且數十年。熙熙攘攘。來往於此者。不知其幾千萬人。然而疆封不移。金甌無缺者。誠以列強之均衡未失其平。彼此形格勢禁。莫敢發難端焉耳。蓋千鈞之重。加銖兩而移。割讓之失。雖尺地寸土。而足以動列強之均衡。均衡一動。則列強竝起。求所以保持其平者。是固其所不得已。求而得之。則啓中國分崩之端。不得則爲東亞動亂之階。是亦勢之所不可禁。要之割地之事一行。而中國之危急不可救。東亞之禍亂不可防。餘勢所及。安知不以至於攪擾宇內萬邦之平和耶。果然保全中國。乃所以保東亞之安全。保全東亞。乃所以保宇內之平和也。

顧東亞之邦。惟中國爲大。惟日本爲強。若夫強與大相輯協。內講自彊之策。外修柔遠之道。始可以有爲於東亞。雖然中國之國勢如彼其衰也。國步如彼其艱也。卽與共提挈拮据。可以謀小功。未可以立大計。可以圖苟安。未可以保久全。乃知非及今挽回中國之頽勢。而致其富強。則中日輯協功效。不可得而完也。夫中日不輯協。不可謀東亞安全之事。中國不富強。不可完中日輯協之效。則東亞志士之務。尙有急於樹中國富強之基。固中日輯協之根者乎。

富國強兵之道不一。而莫若興學校養人材之最捷且便焉。何者。國之富強。以民之智德爲本。民之智德。以士大夫之智德爲準。而學校者。賢士大夫之所由出也。顧孔孟仁義之教。中日之所千百世紹述尊奉。以爲修身治國之訓者。建諸天地而不悖。質諸鬼神而無疑。歐美格致之學。日本之所數十年採納咀嚼。而爲利用厚生之法者。講習之精。運用之妙。比諸泰西列國。殆不多讓。今兩國先進。協心戮力。大興學校於中國之都邑。集兩國士民之俊秀。授之以仁義忠孝之教。格物致知之學。參之以語言文字官商實用諸科。砥礪其德性。啓發其智能。則東亞人材之勃興。可翹足而待矣。而先達士大夫。又從而援引保薦。使之得展驥足。則可以輔治道。可以發利源。可以化民易俗。可以折衝禦侮。誠如是。欲國之不殷富。兵之不強盛。豈可得乎。

輯甯協戮之端不一。而莫若教育協同之尤多功而無失焉。何謂之教育協同。以彼我師友育彼我子弟是已。今夫通謀於軍國之政。緩急相援。內外相應。謂之政治協同。合力於貨殖之業。有無懋遷。短長資補。謂之商工協同。此二者竝協同之重且大者。其全邦交敦鄰誼之功深且遠矣。中日之不可一日怠於此。固無庸論也。雖然軍國之利害。商工之得失。不必彼我同撰。時或權略行於其間。以使人有隔靴搔痒之嘆。雖有協同之義者。往往不免焉。至於教育協同則不然。其所期。惟智德之發達耳。其所事。惟子弟之教養耳。其進也以禮。其合也以義。曾無利害得失爲之芥蔕。復何用夫權術機略爲。且夫情莫密於父子。誼莫厚於師弟。師之所倡道。乃弟子之所服膺。子之所愛敬。乃父之所親信。其情誼使然也。今兩國先進仗中日輯協之大義。而養兩國士民之子弟。則中日輯協之大義。不獨爲學生之持論。而將爲兩國士民之公論。掌教之先輩。得業之上士。不獨爲學生所愛敬。而將爲兩國士民所親信焉。輯甯協戮之根基。豈有固於此者哉。

遠遡之上世。原彼我邦交之源委。自周漢以及唐宋。彼常爲我之師表。彼之典章文物。常爲我之模範。禮樂刑政教化之興。以至醫卜曆數技藝百工之事。學於彼而資於我者。不可勝數。輓近國家採歐美日新之學術。而咀嚼其精華。張政綱。振國力。興人文。養民智。行之三十年。國勢之盛。文運之隆。將駕英美德法而出其右矣。雖曰應時勢制機宜。舍腐取新。去名就實之所致。而非有友邦禮文。數千百年蕃衍盤結爲之根底。焉得一躍而進於宇內雄邦之列耶。中國之德於我大矣。我之所負於中國者重矣。縱令彼我之閒。無唇齒之形。虞虢之勢。我固當務所以報德酬恩者也。比年中國昊天不弔。內外多難。國步日艱。上下困頓。朝夜鯢鼿。而利用厚生之術未講也。富國強兵之計未立也。殆所謂危急存亡之秋也。夫人荷先師之恩德。而不救遺孤之危亡。雖至不仁者不忍焉。況稱爲東海君子國者乎。

本會興學之要旨。大概如此。而東亞同文書院之設。實以爲敎育協同之嚆矢。所以擇上海者。以其地占天下之上游。據中國之咽喉。爲四達之衝。百貨之會。且日中往來之樞區也。

東亞同文書院立教綱領

德教爲經。據聖經賢傳而施之。智育爲緯。特授中國學生以日本言語文章。泰西百科實用之學。日本學生。以中英言語文章。及中外制度律令商工務之要。所期在乎各自通達強立。成國家有用之士。當世必需之才。

國家有用之士。要明至誠報國之大義。通利用厚生之實務。當世必需之才。要審四海萬邦之形勢。諳救世濟時之術策。二者一而不二。二而不一。是本書院之所以德教爲經。智育爲緯。以組織立教之綱目也。蓋六經四子。古先聖賢所以修身齊家平天下之法也。傳所謂本諸身徵諸庶民。百世以俟聖人而不惑者。實存乎此矣。德教之本。道學之源。莫得而加焉。然自西學之入我邦也。學者往往束之高閣。而不復講。有識之士。深以爲憾焉。故本書院。首設經學之科。講明先聖先儒之大道。以爲窮理正心修己治人之本。

所要於中國。莫切於文明利器。所闕於華人。莫甚於泰西科學。夫唯泰西科學有闕。是以文明利器不備。夫唯文明不備。是以富國強兵之事不就緒。乃知泰西科學之攻修。爲中國學生所尤宜致心力者也。退而思之。泰西列國。其於科學也。各有短長精麤。苟欲就其長而取其精。宜先曉各國之言語辭文。是豈可勉強於期月之間而得者乎。我邦修西學。三四十年矣。始者取諸荷。其次取諸英與美。又其次取於法於德於伊。然專乎彼者。必遺乎此。精於一者。必麤於二。戛戛乎其難哉。今則學者概諳列國之言文。聽於其人。觀於其書。就其長者而究之。擢其精者而萃之。垂諸文。以爲後進階梯。而我邦之科學。幾乎大成矣。

夫華之與我。幸有同文之惠。華人之學我言辭。與泰西言辭。孰難孰易。不較而明矣。今授中國學生以我言語文章。使得師我人。由我書。以學日用百科。則列國之言文不待學。列國之長短不待較。泰西科學之精華。其如指諸掌歟。且夫中日之輯協。中國之福也。日本之文事武備。中國之模範也。

中國之資於我。而補於彼者極大矣。華人之不得於彼。而有待於我者極多矣。觀光之行。負笈之遊。將共年益進矣。凡華人所須要於我言語文辭者。指不勝屈。本書院以日本言文。加乎實用百科之上者。以此故也。

日本學生。概取諸中學既成之後。故所闕如於此輩。不在乎泰西科學。而在乎中國時務。不在乎歐美之典章文物。而在乎中國之情形民物之動靜。顧兩國士民之相阻隔也久矣。彼我相視。殆如秦越肥瘠。今也。東亞時局之危急已如彼。中日輯協之緊要已如彼。先覺先憂之志士。依唇齒輔車之誼。倡曲突徙薪之說。又已如彼。而兩國輿論未定也。衆心未警也。姑息之眠。偸安之夢未覺也。所以然者何哉。無他。審中日之情僞東亞之形勢者。寥乎未遍於府縣是已。故本書院之徵學生。博求於各府各縣。而不偏於一方一局。且謀於各府縣。而致公費留學生。待其學業成就。散之於兩國之官鄉。一以助經國利民之業。一以講善鄰修睦之道。則庶幾兩國之形勢情僞。由是漸通。彼我輯協之端。由是漸開。所謂政治商工之協同。亦由是漸進。而中國富強之基礎。遂就其緒矣。然則爲本書院之學生者。宜爲中日輯協之媒介。爲中國富強之鼓吹。爲東亞經綸之木鐸者也。故本書院。特課此輩以中國言語文章。制度律令商工務之要。以期其精通於中國之情形。當世之要務。若夫泰西理財工藝邦交之術。及各國言語文辭之學。凡有益於東亞時局者。當博求精擇而授之。以補其不逮也。

本書院立教之綱領實如此。切望。學者由是而辨至誠報國之大義。識利用厚生之實務。通四海萬邦之形勢。曉救世濟時之術策。以成國家有用之材。當世必需之才。豈不懿哉。

出典：「創立東亞同文書院要領」、一九〇一年、愛知大學圖書館所藏。

東亜同文書院創立要領

（読み下し）

本要領は「興学要旨」と「立教綱領」の二篇から成り、明治三十三年（一九〇〇年）根津一院長が漢文で起草したものである。院長の書院建学の趣旨と、教学の根本を理解するには、必読すべき重要文件である。

南京同文書院開設の際、根津院長が両江総督劉坤一に提示し、その共感を得たのが最初の作である。したがって当初、東亜同文書院は南京同文書院、中国は清国と書かれていた。原文は『東亞同文會沿革史』と『山洲根津先生傳』によったが、後年字句に若干の改訂が行われている。訳文は東亜同文書院二十二期生山本紀綱の訳によった。

興学の要旨

1　中外の実学を講じて、中日の英才を教え、一には以って中国富強の基を樹て、一には以って中日輯協（友好協力）の根を固む。期する所は中国を保全して、東亜久安の策を定め、宇内永和（世界永遠の平和）の計を立つるに在り。

2　中国の東亜に於けるや、封土民衆は並びに什の九に居り、其の日本に於けるや、書は其の文を同じくし、民は其の俗を同じくす。誼は則ち隣友、情は則ち兄弟、唇歯の形なり、虞虢の勢（相互密接の関係①）なり。其の安危興亡は、独り中国官民の休戚（喜憂）たるのみならざるは、識者を待たずして知らる。且つ夫れ四百余州の広土は、宇内の雄図を尽せるに、統治の綱は内に弛み、四億余万の衆民は、六合（世界）の上游（上流）に拠るに（世界文化発祥の地にあるに）、危疑の情は外に見わる。山沢の富、関市（交易）の利は、海外列国の羨望奔競するものなり。且つ数十年、熙熙攘攘（衆人の往来する貌[2]）として、此に来往する者は、其の幾千万人なるを知らず。然り而して疆封移らず、金甌欠くる無き（国家の外侮を受くる無き）は、誠に列強の均衡未だ其の平を失わず、彼此形格し勢禁じ（相互に牽制し）、敢えて難端を発すること莫かりしを以ってのみ。蓋し千鈞の重きも銖兩（少量の意[3]）を加うれば移る。割壌の失は、尺地寸土と雖も、以って列強の均衡を動かすに足る。均衡一たび動けば則ち列強並び起つ。其の平を保持する所以を求むるは、是れ固より其の已むを得ざる所なり。求めてこれを得れば、則ち中国分崩の端を啓き、得ざれば則ち東亜動乱の階と為るは、是れ亦た勢の禁ずべからざる所なり。これを要するに、割地の事、一たび行われては、中国の危急は救うべからず、東亜の禍乱は防ぐべからず、余勢の及ぶところ、安んぞ以って宇内万邦の平和を攪擾するに至らざるを知らんや。果して然らば、中国を保全するは乃ち東亜の安全を保つ所以にして、東亜を保全するは乃ち宇内の平和を保つ所以なり。

3　東亜の邦を顧みるに、惟れ中国は大なり、惟れ日本は強なり。若し夫れ強と大と相い輯協し、内自彊の策を講じ、外柔遠（遠国を和服せしめる）の道を修むれば、始めて以って東亜に為す有るべし。然りと雖も、中国の国勢は彼の如く其れ衰え、国歩は彼の如く其れ艱なり。即ち与に共に提挈拮据（互助辛労）すれば、以って小功を謀るべきも、未だ以って大計を立つるべからず、以って苟安（一時の安泰）を図るべきも、未だ以って久全を保つべからず。乃ち知る、今に及んで中国の頽勢を挽回し、其の富強を致すに非ざれば、則ち中日輯協の功効は、得て完うすべからざるのことを。夫れ中日輯協せずば、東亜安全の事を謀るべからず、中国富強ならずば、中日輯協の効を完うすべからず。則ち東亜志士の務めは、尚中国富強の基を樹て、中日輯協の根を固むるより急なるもの有らんや。

4　富国強兵の道は一ならず。而して学校を興し人材を養うの最も捷(早)且つ便なるに若くは莫し。何者、国の富強は民の智徳を以って本と為し、民の智徳は士大夫（指導者階級）の智徳を以って準（標準）と為せばなり。而して学校は、賢士大夫の由って出づる所なり。顧みるに、孔孟仁義の教は、中日の千百世紹述（継承）尊奉し、以って修身治国の訓と為せし所のものなり。これを天地に建てて悖らず、これを鬼神に質して疑う無し。欧米格致（格物致知）の学（自然科学）は、日本の数十年採納咀嚼して利用厚生の法と為せし所のものなり。講習の精、運用の妙は、これを泰西列国に比して殆んど多くを譲らず。今両国の先進、協心戮力（合力）し、大いに学校を中国の都邑に興し、両国士民の俊秀を集め、これに授くるに仁義忠孝の教、格物致知の学を以ってし、これに参（加）うるに語言文字、官商実用の諸科を以ってし、其の徳性を砥礪（砥ぎ磨き）し、其の知能を啓発せば、則ち東亜人材の勃興は翹足して（足をつま立てて）待つべし。而して先達の士大夫、又従って援引保薦（推せん）し、これをして驥足（才能）を展ぶるを得しむれば、則ち以って治道を輔くべく、以って利源を発くべく、以って民を化し俗を易うべく、以って折衝侮りを禦ぐべし。誠に是くの如くならば、国殷富ならず、兵強盛ならざるを欲するも、豈に得べけんや。

5　輯寧（和平安寧）協戮の端は一ならず。而して教育協同の尤も功多くして失無きに若くは莫し。何をかこれを教育の協同と謂う。彼我の師友を以って彼我の子弟を育つること是れのみ。今夫れ謀を軍国の政に通じ、緩急相援け、内外相応ずる、これを政治の協同と謂う。力を貨殖の業に合わせ、有無懋遷（交易につとむ）し、短長資補（助け補る）する、これを商工の協同と謂う。此の二者は並びに協同の重且つ大なるものなり。其の邦交を全くし隣誼を敦くするの功は深く且つ遠し。中日の一日も此に怠るべからざるは、固より論を庸うる無きなり。然りと雖も、軍国の利害、商工の得失は、必ずしも彼我撰（撰択）を同じくせず、時に或いは権略其の間に行われ、以って人をして隔靴搔痒の歎を有らしむ。協同の義を有する者と雖も、往々にして免かれず。教育の協同に至りては則ち然らず。其の期する所は惟だ智徳の発達のみ、其の事とする所は惟だ子弟の教養のみ。其の進むや礼を以ってし、其の合するや義を以ってし、曽つて利害得失のこれが芥帯（小さき障り）と為る無し。復た何んぞ夫れ権術機略を用いん。且つ夫れ情は父子よりも密なるは莫く、誼は師弟よりも厚きは莫し。師の倡道する所は、乃ち弟子の服膺する所、子の愛敬する所は、乃ち父の親信する所なるは、其の情誼の然らしむるなり。今両国の先進、中日輯協の大義に依りて両国士民の子弟を養わば、即ち中日輯協の大義は、独り学生の持論となるのみならず、将に両国士民の公論と為るべく。掌教の先輩、得業の上士は独り学生の愛敬する所となるのみならず、将に両国士民の親信する所と為るならん。輯寧協戮の根基は、豈に此れよりも固きものあらんや。

6　遠く上世に遡りて彼我邦交の源委（本末）を原ぬれば、周漢より以って唐宋に及ぶ。彼は常に我の師表たり、彼の典章文物は常に我の模範たり、礼楽刑政教化の具わり、以って医卜暦数技芸百工の事に至り、彼に学びて我に資せしものは、数うるに勝うべからず。輓近（近時）国家欧米日新の学術を採りて、其の精華を咀嚼し、政綱を張り、国力を振い、人文を興し、民智を養い、これを行うこと三十年。国勢の盛んなる、文運の隆きこと、将に英露独仏に駕して其の右に出でんとす。時勢に応じて機宜を制し、腐を舎てて新を取り、名を去りて実に就くの致す所と曰うと雖も、而も友邦の礼文（制度・文物）数千百年蕃衍（普及）盤結（定着）し、これが根底を為す有るに非ざれば、焉くんぞ一躍して宇内雄邦の列に進むを得んや。中国の徳の我におけるや大なり、我の中国に負う所のものは重し。縦令、彼我の間に、唇歯の形、虞虢の勢無くとも、我は固より当に徳に報い恩に酬ゆる所以のものを務むべきなり。比年（近年）中国は昊天弔せず（天の同情なく）、内外難多く、国歩日に艱しみ、上下困頓（疲れ倒る）、朝野 𧿁𨇨（不安定な貌）、而も利用厚生の術は未だ講ぜず、富国強兵の計は未だ立たず、殆ど所謂危急存亡の秋なり。夫れ人、先師の恩徳を荷いて遺孤の危亡を救わざるは、至不仁者と雖も忍びず。況んや称して東海の君子国と為す者をや。

7　本会興学の要旨は大概此くの如し。而して東亜同文書院を設くるは、実に以って教育協同の嚆矢となす。上海を擇びし所以のものは、其の地天下の上游を占め、中国の咽喉に拠り、四達の衝、百貨の会、且つ日中往来の枢区たるを以ってなり。

立教の綱領

1　徳教を経と為し、聖経賢伝に拠りてこれを施し、智育を緯と為し、特に中国学生に授くるには日本の言語文章、泰西の百科実用の学を以ってし、日本学生には中英の言語文章及び中外の制度律令、商工務の要を以ってす。期する所は、各自に通達強立し、国家有用の士、当世必需の才と成るに在り。

2　国家有用の士は、至誠報国の大義を明らかにし、利用厚生の実務に通ずるを要す。当世必需の才は、四海万邦の形勢を審らかにし、救世済時の術策を諳ずるを要す。二者は一にして二ならず、二にして一ならず。是れ本書院が徳教を経と為し、智育を緯と為し、以って立教の綱目を組織する所以なり。蓋し六経四子は[④]、古先の聖賢が身を修め、家を斉え、天下を平かにする所以の法なり。伝に謂う所の「諸を身に本づけ、諸を庶民に徴し、百世以って聖人を俟つて惑わざる」者は、実に此に存するなり。徳教の本、道学の源は、得て加うる莫し。然るに、西学の我邦に入りてより、学者往々にしてこれを高閣に束ねて復た講ぜず、有識の士深く以って憾みと為す。故に本書院は、首ず経学の科を設けて、先聖先儒の大道を講明し、以って窮理、正心、修己、治人の本と為す。

3　中国に要する所は文明の利器より切なるは莫く、中国人に闕くる所は泰西の科学より甚しきは莫し。夫れ唯だ泰西の科学に闕くる有り、是れを以って文明の利器備わらず。夫れ唯だ文明の利器の備わらず、是れを以って富国強兵の事緒に就かず、乃ち知る、泰西科学の攻修は、中国学生が尤も宜しく心力を致すべき所のものたることを。退いてこれを思うに、泰西列国の其の科学に於けるや、各短長精粗有り。苟くも其の長に就きて其の精を取らんと欲すれば、宜しく先ず各国の言語文辞を暁るべきも、是れ豈に期月の間に勉強して得べきものならんや。我邦の西学を修むること、三四十年なり。始めはこれを蘭に取り、其の次はこれを英と米に取り、又其の次は仏と独と伊に取れり。然れども、彼に専らなる者は必らず此れに遺れ、一に精なる者は必ず二に粗なり。戛戛乎（くいちがうこと）として其れ難き哉。今は則ち学者概ね列国の言文を諳んじ、其の人に聴き、其の書に観、其の長ずるものに就きてこれを究め、其の精なるものを擢きてこれを萃め、これを文に垂れ、以って後進の階梯と為し、我邦の科学は大成するに幾からんか。

4　夫れ中国と我とは、幸に同文の恵有り。中国人の我が言辞を学ぶ、泰西の言辞と孰れが難く、孰れが易きかは、較べずして明らかなり。今中国学生に授くるに我が言語文章を以ってし、我が人を師とし、我が書に由りて以って日用百科を学ぶことを得しむれば、則ち列国の言文は学ぶを待たず、列国の長短は較ぶるを待たずして、泰西科学の精華は、其れこれを掌に指すが如きか。且つ中日の輯協は中国の福なり。日本の文事武備は中国の模範なり。中国の我に資りて彼に補うものは極めて大なり。中国人の彼に得ずして我に待つ有るものは極めて多し。観光の行、負笈の遊（留学）は将に年と共に益々進まんとす。凡そ中国人の我が言語文辞を須要（必要）する所のものは、指を屈するに勝えず。

本書院が日本の言文を以って実用百科の上に加うるは、此の故を以ってなり。

5　日本学生は、概ねこれを中学既成の後に取る。故に此の輩に闕如する所は、泰西の科学に在らずして中国の時務に在り。欧米の典章文物に在らずして、中国の情形民物の動静に在り。顧みるに、両国士民の相阻隔するや久しきなり。彼我相視ること殆ど秦越（秦と越、距たること遠きたとえ）肥瘠（肥えたるとやせたる）の如し。今や、東亜時局の危急は已に彼の如く、中日輯協の緊要は已に彼の如し。先覚先憂の志士が唇歯輔車の誼に依り、曲突徙薪（災禍を未然に防ぐ⑤）の説を倡(唱）うること又已に彼の如し。而して両国の輿論未だ定まらず、衆心未だ警めず、姑息の眠、偸安の夢は未だ覚めざるなり。然る所以の者は何ぞや、他無し。中日の情を審らかにし東亜の形勢に通ずる者、寥寥乎として未だ府県に遍かざる是れのみ。故に、本書院の学生を徴するや、博く各府県に求めて、一方一局に偏らず、且つ各府県に謀りて公費の留学生を致す。其の学業の成就を待って、これを両国の官郷に散じ、一には以って経国利民の業を助け、一には以って善隣修睦の道を講ずれば、則ち両国の形勢情実は是れに由って漸く通じ、彼我輯協の端は是れに由って漸く開き、所謂政治、商工の協同も亦た是れに由って漸く進み、而して中国富強の基礎は遂に其の緒に就くに庶幾からん。然らば則ち、本書院の学生たる者は、宜しく中日輯協の媒介と為り、中国富強の鼓吹（推進者）と為り、東亜経綸の木鐸（指導者）と為るべき者なり。故に本書院は、特に此の輩に課するに中国の言語文章、制度律令、商工務の要を以ってし、以って其の中国の情形、当世の要務に精通せんことを期す。若し夫れ泰西の理財、工芸、邦交の術及び各国の言語文辞の学にして、凡そ東亜の時局に益有るものは当に博求精択してこれを授け、以って其の逮ばざるを補うべし。

6　本書院立教の綱領は実に此くの如し。切に望む。学ぶ者は是れに由りて至誠報国の大義を辨え、利用厚生の実務を識り、四海万邦の形勢に通じ、救世済時の術策を暁り、以って国家有用の材、当世必需の才と成らんことを。豈に懿（美）からず哉。

注

①唇歯・虞虢は、密接な関係にあるたとえ。『左傳』に「諺所謂輔車相依唇亡歯寒者其虞虢之謂也（諺にいわゆる輔車相依る、唇亡びて歯寒しとは、それ虞と虢とをこれ謂うなり）」とある。虞・虢は共に春秋時代の国名。『左傳』に「晋假道於虞以伐虢（晋、道を虞に假り、以って虢を伐つ）」とある。
②熙熙攘攘は、衆人が往来する貌。熙熙はなごやかに喜びあうさま、攘攘は入り乱れるさま。『史記』の貨殖傳に「天下熙熙皆為利来、天下攘攘皆為利往（天下熙熙として皆な利の為めに来たり、天下攘攘として皆な利の為めに往く）」とある。
③千鈞・銖両の鈞・銖は共に重量の単位、一鈞は三十斤、一銖は一両の二十四分の一。「千鈞之重」は非常に重いこと、「銖両」は少しの目方のこと。
④六経は『易経』『詩経』『書経』『春秋』『礼記』及び『楽記』または『周礼』の文経書。四子は「四子書」すなわち『大学』『中庸』『論語』『孟子』の四書をいう。
⑤曲突徙薪は、火災を予防するため、かまどの煙突を曲げて外に向け引火しないように薪をかまどのそばから他に移すこと。

出典：大学史編纂委員会『東亜同文書院大学史―創立八十周年記念誌―』、滬友会、昭和 57 年（1982 年） 5 月刊行。

【資料2】

愛知大学設立趣意書

愛知大學設立趣意書
(一九四六年十一月十五日創立)

我日本は長期に亘る今次戦争に依て物質的精神的に荒廃せしめられ、殊に其結果は惨憺たる敗戦を招き、正に壊滅の危機に立つと云ふも過言ではない。

今斯る壊滅を免れんとするならば、事をして茲に到らしめたる舊き日本の誤れる指導と積弊とを一掃し、新しき日本として更生するの道を擇ぶ外ないのである。

寔に新日本の進むべき方向は舊来の軍國主義的、侵略主義的等の諸傾向を一擲し、社會的存在の全範域に亘って民主主義を實現し自らを文化、道義、平和の新國家として再建することに依り世界の一員として、世界文化と平和に貢献し得る如きものたらんとすることでなければならない。

斯の如き我日本の新しき出發に際して、當面解決を要する諸種の問題山積すると雖も就中學問、思想、文化を旺に興し、教養ある有為の人材を養成することは、其急務にして最も基礎的なるものの一と言ふべきであらう。我等相謀って茲に愛知大學を設立せんとする所以は、實に斯る客観的要請に呼應するものにして、一言を以て之を謂へは世界平和に寄與すべき日本人文の興隆と有為なる人材の養成と云ふ點に盡きるのである。併しながらこの時に當り、豫定する如き地方に於て本大學を開設せんとするに就ては自ら特殊の意義と使命も亦無しとしない。卽ち、

第一、に本大學の所在地は之を中部日本の一地方都市（愛知縣豐橋市）に置くのであるが、其の理由は現今我國に於て學問文化の興隆を計らんが

為めには、其大都市への偏重集積を排し地方分散こそ望まんとの趣旨を活かさんとする含蓄に外ならない。周知の如く名古屋市を中心とする中部日本には未だ法文科系の大學を見ざるところ、此地方には斯る文化機關の設置を要望すること切なるものがある。愛知大學は此の要望に應へ學問の研究を旺にすると共に周圍への文化的影響をあらしめんとするものである。

第二、世界文化と平和に寄與すへき新日本の建設に適する人材は國際的教養と視野を持つこと最も必要なる資格の一と思惟（しい）せらるる事情に鑑み、本大學としては一般的學問の基礎の上に各國政治經濟文化の研究に重點を置く科目を設け之を必須科目とし、謂はば國際文化大學の如き性格を其の一特徴たらしめんとする意圖を有するものである。斯の如き大學は我國の未だ有せざるところ本學は此の點に新機軸を創始せんとするものである。更に

第三、に本大學は第一年度に於て豫科全學級を、第二年度に於て學部全學年を一時に開設し、以て中部日本出身學徒（男女）の遠隔の地に學ぶ者にして時局下就學不便の為め轉學せんとする者の要望に應すると共に、外地の大學專門學校に在籍する學徒の轉入學の困難をも緩和せんとするものである。外地引揚學徒は現下轉入學困難なる事情の下に苦惱しつつあるのみならず、比較的に國際的智識慾旺盛なるを以て之を本學に収容し思想的學問的に再教育することは、又本學の性格に相應（ふさ）はしき一任務と思料せらるるものである。

設立趣意書碑文と自由受難の鐘

以上の諸見地より我等は微力をも顧みず茲に愛知大學設立の擧に出てんとす、我等の眞意が各方向に於て正しく理解せられ、此企圖に對して支援と鞭撻（べんたつ）を與へられんことを念願して止まない次第である。

愛知大学設立趣意書

（一九四六年十一月十五日創立、現代語訳）

わが日本は長期にわたる今回の戦争によって、物質的・精神的に荒廃させられ、特にその結果は惨憺たる敗戦を招き、まさに壊滅の危機に立つといっても過言ではない。

いま、このような壊滅を免れようとするならば、この事態を到来させた古き日本の誤った指導と積り積もった弊害を一掃し、新しい日本として更生する道を選ぶほかないのである。

実に新日本の進むべき方向は、旧来の軍国主義的、侵略主義的などの諸傾向を一度に投げ捨て、社会的存在の全範囲にわたって民主主義を実現し、自らを文化、道義、平和の新国家として再建することによって世界の一員として、世界文化と平和に貢献できるようなものとすることでなければならない。

このような新日本の新しい出発に際して、さしあたり解決を要する様々な問題が山積するといえども、特に学問、思想、文化を盛んに興し、教養ある才能のある人材を養成することは急務で最も基礎的なものの一つというべきであろう。我々がたがいに相談してここに愛知大学を設立しようとする理由は、実にこのような客観的要請に呼応するものであり、一言でこれを言えば世界平和に寄与すべき日本の人文の興隆と、才能のある人材の養成という点に尽きるのである。しかしながらこの時に際し、予定するような地方において本大学を開設しようとすることについては、自ら特殊な意義と使命もまたある。つまり、

第一に、本大学の所在地は中部日本の一地方都市（愛知県豊橋市）に置

くのであるが、その理由はいま我が国において学問文化の興隆を計ろうとするためには、大都市への偏重集積をなくし地方分散こそ望むとの趣旨を活かそうとする含みを持つことに他ならない。周知のように名古屋市を中心とする中部日本には、まだ法文科系の大学がなく、この地方にはこのような文化機関の設置を要望すること切なるものがある。愛知大学はこの要望に応え学問の研究を盛んにするとともに、周囲への文化的影響があるようにしようとするものである。

第二に、世界文化と平和に寄与すべき新日本の建設に適する人材は、国際的教養と視野を持つことが最も必要な資格の一つと考えられる事情に照らし、本大学としては一般的な学問の基礎の上に各国の政治、経済、文化の研究に重点を置く科目を設け、これを必須科目とし、いわば国際文化大学のような性格をその一つの特徴としようとする意図を有するものである。このような大学は我が国にまだ無いもので、本学はこの点に新しい計画を始めようとするものである。さらに

第三に、本大学は第一年度に予科全学級を、第二年度に学部全学年を同時に開設し、中部日本出身の学生（男女）で、遠く離れた地で学ぶ者にして時局下就学が不便のため転学しようとする者の要望に応じるとともに、外地の大学、専門学校に在籍する学生の転入学の困難をも緩和しようとするものである。外地の引揚げ学生は現在、転入学が困難な事情のもとに苦悩しているだけでなく、比較的に国際的知識欲が旺盛であるので、本学に収容し思想的、学問的に再教育することはまた本学の性格に相応しい一つの任務と考えられるものである。

以上の諸見地から、我々は微力も顧みず、ここに愛知大学設立の行動に出ようとするものであり、我等の真意が各方面に正しく理解され、この企画に対して支援と鞭撻を与えられることを念願して止まない次第である。

【資料 3-1】

愛知大学国際中国学研究センターの概要

（日本語版）

愛知大学国際中国学研究センター（International Center for Chinese Studies：略称 ICCS）は、2002 年に文部科学省「21 世紀 COE（Center of Excellence）プログラム」（「卓越した研究拠点」の意）の採択を受けて、現代中国学の国際的な研究教育機関として設置されました。ICCS は世界の主要な大学・研究機関と提携し、相互に遠隔多方向コミュニケーションシステム（Remote Multilateral Communication System: 略称 RMCS）を形成して、世界における現代中国学の研究教育推進のための国際的ネットワークを共同構築し、そのハブ・センターとなることを目指しています。また、更なる国際展開の一環として、2004 年に中国人民大学（中国・北京市）と南開大学（中国・天津市）の 2 大学内に在中国研究教育拠点（サブセンター）を設置しました。

研究活動においては、RMCS を駆使して海外提携大学・研究機関の研究者の参加を得て、国際的範囲で活発な研究活動を展開しており、ICCS が取り組む「現代中国学の方法的構築」は現代中国の政治、社会、経済、環境、文化等の視点からディシプリンの構築に取り組むものであり、「野心的な取り組み」として、関連学界に一石を投じていると評価されています。

また、若手研究者育成においては、大学院生に対する現代中国学の教育研究を目的として、中国人民大学と南開大学との間で大学院中国研究科「二重学位制」（Dual Degree Program）を実施し、修士課程・博士課程のいずれにおいても日中双方の学位が取得可能となる教育システムを構築しています。2004 年から 16 年間で 80 名以上の二重博士学位を授与し、わが国における先駆的な取り組みとして注目されています。

さらに、研究員とリサーチ・アシスタント（RA）の採用、「若手研究者研究助成」制度の導入を通じて、積極的に若手研究者の育成をおこなっています。

■共同研究

研究事業の究極的目標は､伝統的な「中国学（Sinology）」にとどまらず、新たな学問分野として「現代中国学（Modern Sinology）」の構築に向けた努力を続けることにあります。その目標を実現するために、「現代中国と国際関係」、「現代中国とアジアの社会経済」、さらには「デジタル化推進」といった3つのグループを組織し、国内外の研究者が参集する国際規模の共同研究をおこなっています。「現代中国学」の方法的構築という枠組みを基幹として、その応用・発展分野である現代中国の多様な海外展開の動向を研究する「国際中国学」へと活動の発展も模索されています。

▶現代中国と国際関係研究グループ

▶現代中国とアジアの社会経済研究グループ

■若手人材育成・支援

⑴ 研究員制度

優れた若手研究者（ポストドクター）の採用により、ICCSの研究活動の更なる活発化を目的とし、研究員制度を実施して毎年2～3名を採用しています。研究員は、所長および各研究グループ主査と協力し、拠点形成の推進に必要な研究をおこなうほか、RAを統括し、研究会活動の運営をおこなっています。

⑵ リサーチ・アシスタント（RA）制度

ICCSの研究活動の円滑化ならびに若手研究者の育成を目的にRA制度を実施しています。本学または他大学大学院博士課程在学生の若手研究者を対象として公募。ICCSが組織する研究グループに分属し、各研究グループ主査の指示の下、研究補助および研究会運営補助等の業務をおこなっています。

⑶ 若手研究者研究助成制度

大学院生の自発的な研究活動の促進を目的に若手研究者研究助成制度を実施しています。本制度は、大学院中国研究科博士後期課程在学生および同修了者、満期退学者を対象に公募しています。

⑷ 中国2大学との二重学位制度（Dual Degree Program）

中国研究に関する大学院教育の国際化と若手研究者の国際的な視野の育成を推進するために、若手人材育成事業の一環として、大学院中国研究科との連携により日中2大学の博士号取得を目指す「二重学位制度」を実施しています。国際カリキュラムによる日中間でのリアルタイムの国際遠隔講義、研究指導、1年間のキャンパス移動を通じた人材育成プログラムを展開しています。2007年度からは修士課程でも実施しています。

■『ICCS現代中国学ジャーナル』（ISSN 1882-6571）

国内外の中国研究者に研究成果公表の場を提供し、あわせて若手研究者の発掘と育成を目的として、使用言語自由の電子ジャーナル『ICCS現代中国学ジャーナル』（査読あり、年2回）を発行しています。現代中国の政治、経済、文化、社会、環境に関する論文の投稿を随時受付けています。

■研究成果

研究成果の社会還元を目的として、これまで叢書『現代中国学の構築に向けて』シリーズ（全5巻）、英文書籍 *New Challenges and Perspectives of Modern Chinese Studies* をはじめ、2014年には、人間文化研究機構（NIHU）「現代中国地域研究推進事業」（2011～2016年）において推進してきた研究課題「日中関係変化の構造的変容に関する実証的研究」の研究成果として、『中国社会の基層変化と日中関係の変容』を刊行しました。2017年度にはNIHU現代中国地域研究の成果として、『新次元の日中関係』（いずれも日本評論社）を刊行するなど、多くの研究報告書を刊行しています。

■在中国研究教育拠点（サブセンター）

中国現地の研究教育拠点として、中国人民大学（中国・北京市）と南開大学（中国・天津市）に在中国研究教育拠点（サブセンター）を設置しています。

国際テレビ会議システムを利用した国際研究会や大学院中国研究科「二重学位制」での国際遠隔講義及び研究指導等に利用されています。また、北京分拠点は愛知大学北京同窓会とICCS同窓会の事務局としても利用されています。

■現代中国研究総合データベース

ICCSの研究・若手研究者育成事業を支えるため、愛知大学が所蔵している貴重な学術資料や研究成果を集積したデータベースを構築しています。現在、東亜同文書院大学が刊行した『支那経済全書』、『支那省別全誌』、『新修支那省別全誌』計39巻をデータベース化した「東亜同文書院中国調査誌データベース」、戦前の画像資料として貴重な「中国戦前絵葉書データベース」、ICCSが刊行した報告書を集めた「研究成果データベース」を公開しています。これらはいずれもICCSホームページから閲覧できます。

■国際連携

世界の現代中国学研究を推進するために、国際的な学術ネットワークを共同構築し、そのハブステーションとなることを目指し、世界の主要大学・研究機関との間で積極的な国際連携事業を展開しています。

■協定大学・研究機関一覧

締結年度	国・地域別	大学・研究機関名
2003年 8月	シンガポール	シンガポール国立大学人文社会科学部
2003年 10月	中国	中国科学院地理科学与資源研究所
2003年 11月	中国（香港）	香港大学中文系
2004年 4月	中国	南開大学
2004年 4月	中国	中国人民大学
2004年 5月	アメリカ	カリフォルニア大学 バークレー校中国研究センター
2004年 5月	アメリカ	カリフォルニア大学 ロサンゼルス校中国研究センター
2004年 5月	アメリカ	ハワイ大学中国研究センター
2004年 6月	イギリス	ロンドン・スクール・オブ・エコノミクス（LSE） アジアリサーチセンター
2005年 3月	中国（香港）	香港中文大学中国文化研究所 当代中国文化研究センター
2005年 3月	中国	復旦大学国際関係与公共事務学院
2005年 10月	中国	寧夏社会科学院
2006年 3月	イギリス	ロンドン大学東洋アフリカ学院（SOAS）
2009年 6月	中国	中央民族大学中国少数民族研究センター
2009年 9月	中国	浙江大学“創新管理与持続競争力研究” 国家哲学社会科学創新基地
2009年 10月	中国	南京大学社会学院
2010年 12月	中国	中国政法大学政治与公共管理学院
2010年 12月	中国	石河子大学イスラームの論理と文化研究センター
2011年 4月	中国	武漢大学中国伝統文化研究センター
2011年 4月	中国	北京大学国家発展研究院中国経済研究センター
2012年 3月	中国	清華大学自動車工学部（現車輌与運載学院）

2015 年 6 月	中国	北京大学経済学院
2015 年 6 月	中国	華東政法大学政治学与公共管理学院
2016 年 11 月	中国	上海外国語大学国際関係与公共事務学院
2021 年 6 月	中国	復旦大学日本研究センター

※南開大学、中国人民大学は「二重学位制」(Dual Degree Program)、在中国研究教育拠点(サブセンター)設置に係る協定。

愛知大学国際中国学研究センターのあゆみ（2002–2011）

2002 年 10 月　文部科学省「21 世紀 COE プログラム」に「国際中国学研究センター」プログラムが採択。国際中国学研究センター（ICCS）発足。加々美光行現代中国学部教授が初代所長に就任

2003 年 10 月　国際シンポジウム「激動する世界と中国―現代中国学の構築に向けて―」を名古屋市で開催

2004 年　4 月　南開大学、中国人民大学にサブ・センター（分拠点）を設置

2004 年　4 月　南開大学、中国人民大学との間で、ICCS の若手人材育成プログラムの一環として大学院中国研究科博士後期課程デュアルディグリー・プログラム（二重学位制）を発足

2004 年　9 月　デュアルディグリー・プログラム（中国分拠点入学生）第 1 期生来日（以後、毎年継続）

2005 年　2 月　デュアルディグリー・プログラム（日本側入学生）第 1 期生派遣（以後継続）

2005 年 10 月　寧夏社会科学院との学術交流協定を締結し、同院内に日中合作西部開発共同研究センターを設置

2005 年 12 月　国際シンポジウム「現代中国方法論及其文化視角」を中国・天津市で開催（南開大学歴史学院との共催）

2005 年 12 月　国際シンポジウム「“国際中国学”研究方法論之建構」を中国・北京市で開催（中国人民大学哲学院、中国科学院地理科学与資源研究所との共催）

2007 年　4 月　ICCS の若手人材育成プログラムの一環として実施するデュアルディグリー・プログラムを修士課程に拡大（中国人民大学のみ）

2008 年　3 月　叢書『現代中国学の構築に向けて』（全 5 巻）を日本評論社から出版（～同年 6 月）

2008年　3月　英文書籍 *New Challenges and Perspectives of Modern Chinese Studies* を出版

2008年　5月　高橋五郎現代中国学部教授が所長に就任

2009年　6月　中央民族大学中国少数民族研究センターとの学術・教育交流協定を締結

2009年　9月　浙江大学“創新管理与持続競争力研究”国家哲学社会科学創新基地との学術・教育交流協定を締結

2010年　5月　株式会社デンソーとの産学連携共同研究スタート

2010年　6月　平成22年度外務省「日中研究交流支援事業」採択（～2011年2月まで）

2011年　4月　武漢大学中国伝統文化研究センターとの学術・教育交流協定を締結

2011年　4月　北京大学国家発展研究院中国経済研究センターとの学術・教育交流協定を締結

2011年 11月　人間文化研究機構（NIHU）「現代中国地域研究推進事業」連携研究拠点に参加（～2016年3月まで）

2012年　3月　清華大学自動車工学部（現車輛与運載学院）との学術・教育交流協定を締結

愛知大学国際中国学研究センターのあゆみ（2012-2021）

2012年 12月　ワークショップ「日中関係の危険な現状―打開策をどう見出すか？」(NIHU現代中国地域研究コロキアム）を本学で開催

2013年　3月　『愛知大学国際中国学研究センター（ICCS）設立10周年記念誌』刊行

2013年 11月　国際シンポジウム（地域研究コンソーシアム〈JCAS〉･ICCS）「日中関係の質的変容をどう理解するか―他地域の視点から捉え直す―」を開催

2014年　3月　科学技術振興機構（JST）中国総合研究交流センターとの共同研究『日中科学技術交流の40年』を完成

2014年　6月　ICCSデュアルディグリー・プログラム10周年記念シンポジウムを中国人民大学にて開催

2014 年 7 月	『中国社会の基層変化と日中関係の変容』を日本評論社から出版
2015 年 2 月	国際シンポジウム「四中全会における〈法治〉と日中関係をめぐる諸相」を開催
2016 年 2 月	「現代中国地域研究プログラム」国際シンポジウムを開催
2016 年 11 月	上海外国語大学国際関係与公共事務学院との学術・教育交流協定を締結
2017 年 2 月	国際シンポジウム「新しい次元に向かう日中関係」を開催
2017 年 9 月	『新次元の日中関係』を日本評論社から出版
2018 年 3 月	国際シンポジウム「日中平和友好条約締結 40 周年記念シンポジウム —現代中国学方法論のための日中対話—」を開催
2018 年 4 月	周星国際コミュニケーション学部教授が所長に就任
2018 年 12 月	国際シンポジウム「新時代の日中対話の試み—現代中国学方法論の構築を求めて—」を開催
2019 年 11 月	ICCS・中国経済経営学会共催国際シンポジウム「ファーウェイと米中貿易戦争—中国のイノベーションは何処へ？—」を開催
2019 年 11 月	愛知大学主催／ ICCS 主管、愛知大学中国公開講座⑳ 2019 特別編「永遠の隣人—日中の歴史から考えるアジアの未来—」（エズラ・ヴォーゲル ハーバード大学名誉教授講演会）を開催、約 1000 人参加
2020 年 4 月	李春利経済学部教授が所長に就任
2020 年 11 月	ICCS・国際ビジネス研究学会共催オンライン・コンファレンス「自動車の未来と中国— CASE はどこへ向かうのか—」を開催
2021 年 1 月	国際シンポジウム「with コロナの世界と中国—日中関係の再起動—」を開催
2021 年 6 月	復旦大学日本研究センターとの学術・教育交流覚書を締結
2021 年 8 月	愛知大学国際中国学研究センター（ICCS）特別記念出版『ハーバード大学名誉教授 エズラ・ヴォーゲル最後の授業 永遠の隣人』（エズラ・ヴォーゲル 、李春利 著）をあるむ社から記念刊行

■組織図

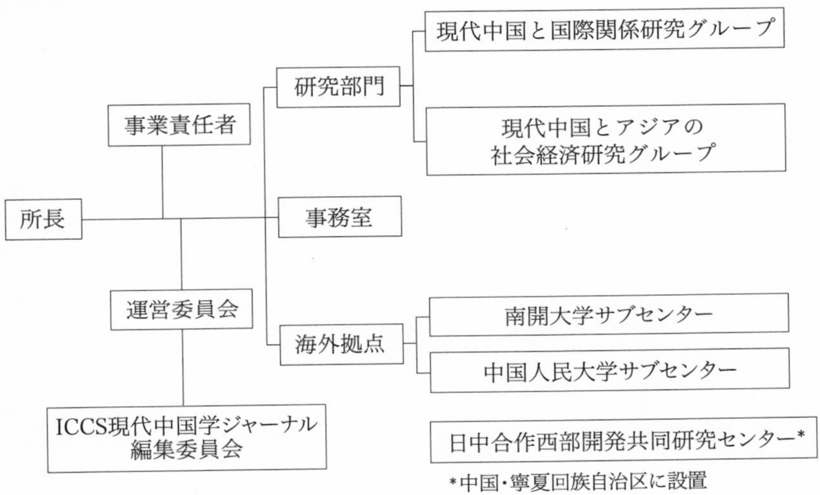

愛知大学国際中国学研究センター（ICCS）事務室

〒453-8777　愛知県名古屋市中村区平池町四丁目60番6

TEL（052）564-6120　FAX（052）564-6220

E-MAIL coe-iccs@ml.aichi-u.ac.jp

URL https://iccs.aichi-u.ac.jp/

【資料 3-2】

爱知大学国际中国学研究中心概要

（中国语版）

爱知大学国际中国学研究中心(International Center for Chinese Studies：简称 ICCS)2002 年入选日本文部科学省“21 世纪重点科研基地（Center of Excellence, COE)”，作为现代中国学的国际性研究教育机构而设立。本中心与世界各国的主要大学和研究机构合作，构建了远程多边的教研交流系统（Remote Multilateral Communication System：简称 RMCS)，共同建设以 ICCS 为枢纽的国际性学术网络，推动现代中国学研究的发展。作为推动国际学术交流与研究教育活动的重要一环，本中心于 2004 年与中国人民大学和南开大学合作，分别在中国的北京和天津设立了研究教育分中心。

在学术研究方面，我们充分利用 RMCS，积极地与外国大学和研究机构的学者们共同开展国际性研究活动。ICCS 关于“构建现代中国学方法论”的构想，是基于对现代中国的政治、社会、经济、环境文化等领域的深入分析，尝试构建现代中国学的学科方法体系，这种构想在学术界被评价为“具有雄心的事业”。

2004 年，我们以对博士研究生进行现代中国学教育为目的，与中国人民大学和南开大学合作启动爱知大学研究生院中国研究科联合培养“博士双学位项目”（Dual Degree Program)，构建了在硕士和博士课程均能获得中日两国双学位的教育体系。16 年来中日两国共计 80 多名博士生被授予双博士学位，这一具有先驱性的创举在日本和中国颇受注目。

此外，我们还通过聘用专职研究员、研究助理以及导入“青年学者研究资助”制度等方法，积极致力于培养青年学者。

■共同研究

我们研究事业的终极目标，并不局限于传统意义上的中国学（Sinology）研究，而是为了构建“现代中国学”这一新兴的学术领域而持续努力。为实现这一目标，本研究中心组织了“现代中国与国际关系”、“现代中国与亚洲社会经济”以及“推进数码化”三个研究团队，与国内外学者共同进行国际性共同研究。本中心以构建“现代中国学”方法论为基础，摸索作为其应用领域的“国际中国学”的新方向，重点研究现代中国在海外发展的各种新动向。

▶现代中国与国际关系研究组

▶现代中国与亚洲社会经济研究组

■青年研究人才的培养与支援

⑴ 研究员制度

为了促进 ICCS 各项研究活动的展开，我们导入了录用优秀青年学者为博士后研究员的制度，每年聘用两至三名专职研究员。研究员的主要任务是，协助所长及各研究组负责人，从事有助于促进本中心学术发展的研究工作，以及各种研讨会活动的运营工作。

⑵ 研究助理制度（RA）

为了顺利开展 ICCS 的研究活动以及培养青年学者，本中心导入了 RA 聘用制度，以本校和其它院校博士研究生为对象进行公开招聘。受聘人员在 ICCS 各研究组负责人的指导下，从事研究助理以及研讨会运营等各项辅助工作。

⑶ 青年学者研究资助制度

为促进研究生的自发性研究，我们还导入了青年学者研究资助制度。本制度资助对象为爱知大学研究生院中国研究科博士课程的在校生、毕业生以及期满退学者。

(4) 与中国两所大学合作实施联合培养“双学位项目”(Dual Degree Program)

为了推动现代中国学领域研究生教育的国际化以及培养具备国际化视野的青年学者，作为培养青年学者工作的重要一环，本中心与研究生院中国研究科合作启动了以分别获得中日两所大学博士学位为目标的“博士双学位项目”。该项目的国际教学课程包括在中日两国之间实施同步远程授课、研究指导、以及为期一年的留学互访等方面内容。从 2007 年度起，硕士课程也开始导入此项目。

■《ICCS 现代中国学集刊》(ISSN 1882-6571)

为了向国内外的中国学研究人员提供发表研究成果的园地，同时发掘和培养青年学者，本中心发行对投稿语种不做限制的电子期刊《ICCS 现代中国学集刊》(有匿名评审制度、每年发行两期)，随时受理关于现代中国的政治、经济、社会、文化、环境等方面的论文投稿。

■研究成果

为了把研究成果反馈给社会，本中心相继出版发行了《现代中国学之建构》(現代中国学の構築に向けて) 系列丛书 (共 5 卷)，英文著作《现代中国学面临的新挑战与展望》(*New Challenges and Perspectives of Modern Chinese Studies*) 等学术成果。2014 年作为“现代中国区域研究重大项目”之一，全面开展了“关于日中关系结构性变迁的实证性研究”(日中関係変化の構造的変容に関する実証的研究)，并出版了研究成果《中国社会的基层变化与日中关系的变迁》(中国社会の基層変化と日中関係の変容) 一书；2017 年又出版了该项目的结题报告《迈向新纪元的日中关系》(新次元の日中関係)，同时还有多种研究报告印发。

■在华研究教育基地（分中心）

作为在中国当地的研究教育基地，我们分别在中国人民大学（中国・北京市）和南开大学（天津市）设立了在华研究教育基地（分中心）。通过分中心，举办利用 RMCS 系统的国际研究会，对研究生院中国研究科“双学位项目”在籍的研究生进行远程授课和论文指导等。同时，北京分中心还兼担爱知大学北京校友会和 ICCS 校友会办事处的功能。

■现代中国学研究综合数据库

为支持 ICCS 的研究以及培养青年研究人才，本中心还创建了日本爱知大学收藏的珍贵的学术资料与研究成果数据库。现在，我们已公开了包括由东亚同文书院发行的合计 39 卷的《中国经济全书》、《中国省别全志》、《新修中国省别全志》等在内的“东亚同文书院中国调查志数据库”、以战前珍贵图片资料为主的“中国二战前美术明信片数据库”及 ICCS 刊发的研究报告集“研究成果数据库”等。上述各数据库均可在 ICCS 网站上查阅。

■国际合作

为推动世界各国的现代中国学研究，共同构建以 ICCS 为枢纽的国际学术网络，我中心与世界各国的主要大学和研究机构积极开展国际合作。

◆签署合作协议院校和研究机构一览表

签署时间	国家／地区	院校／研究机构名
2003 年 8 月	新加坡	新加坡国立大学人文社会科学院
2003 年 10 月	中国	中国科学院地理科学与资源研究所
2003 年 11 月	中国（香港）	香港大学中文系
2004 年 4 月	中国	南开大学
2004 年 4 月	中国	中国人民大学
2004 年 5 月	美国	加利福尼亚大学伯克利分校中国研究中心
2004 年 5 月	美国	加利福尼亚大学洛杉矶分校中国研究中心

2004 年 5 月	美国	夏威夷大学中国研究中心
2004 年 6 月	英国	伦敦政治经济学院（LSE）亚洲研究中心
2005 年 3 月	中国（香港）	香港中文大学中国文化研究所 当代中国文化研究中心
2005 年 3 月	中国	复旦大学国际关系与公共事务学院
2005 年 10 月	中国	宁夏社会科学院
2009 年 6 月	中国	中央民族大学中国少数民族研究中心
2009 年 9 月	中国	浙江大学“创新管理与持续竞争力研究” 国家哲学社会科学创新基地
2009 年 10 月	中国	南京大学社会学院
2010 年 12 月	中国	中国政法大学政治与公共管理学院
2010 年 12 月	中国	石河子大学伊斯兰逻辑与文化研究中心
2011 年 4 月	中国	武汉大学中国传统文化研究中心
2011 年 4 月	中国	北京大学国家发展研究院中国经济研究中心
2012 年 3 月	中国	清华大学汽车工程系（现车辆与运载学院）
2015 年 6 月	中国	北京大学经济学院
2015 年 6 月	中国	华东政法大学政治学与公共管理学院
2016 年 11 月	中国	上海外国语大学国际关系与公共事务学院
2021 年 6 月	中国	复旦大学日本研究中心

※和南开大学、中国人民大学签署了关于双学位项目以及在华设立研究教育基地的协议。

■爱知大学国际中国学研究中心历史沿革（2002-2011）

2002 年 10 月　“国际中国学研究中心”项目入选日本文部科学省“21 世纪重点科研基地(Center of Excellence, COE)”; 国际中国学研究中心(ICCS)成立；现代中国学院加加美光行教授就任首任所长

2003 年 10 月　“激荡的世界与中国：现代中国学之构建”国际学术研讨会在名古屋市召开

2004 年 4 月　在南开大学和中国人民大学校内设置在华研究教育基地(分中心)

2004 年 4 月　作为 ICCS 培养青年学者项目的一环，与南开大学和中国人民大学合作启动研究生院中国研究科博士双学位项目

2004 年 9 月　双学位项目第一期学生(中国分中心的入学学生)来日（此后每年延续至今)

2005 年　2 月　派遣双学位项目第一期学生赴华（日本方面的入学学生，此后延续至今）

2005 年 10 月　在宁夏社会科学院内设立“日中合作西部开发共同研究中心”

2005 年 12 月　“现代中国学方法论及其文化视角”国际学术研讨会在中国天津市召开（与南开大学历史学院联合主办）

2005 年 12 月　“国际中国学研究方法论之建构”国际学术研讨会在中国北京市召开（与中国人民大学哲学院、中国科学院地理科学与资源研究所联合主办）

2007 年　4 月　作为 ICCS 培养青年学者项目的一环而实施的博士双学位项目扩展到硕士课程（限于中国人民大学）

2008 年　3 月　《现代中国学之建构》系列丛书（共五卷）由日本评论社出版（至同年 6 月出齐）

2008 年　3 月　英文书籍 *New Challenges and Perspectives of Modern Chinese Studies* 出版

2008 年　5 月　现代中国学院高桥五郎教授就任国际中国学研究中心所长

2009 年　6 月　与中央民族大学中国少数民族研究中心签署学术・教育交流协议

2009 年　9 月　与浙江大学“创新管理与持续竞争力研究”国家哲学社会科学创新基地签署学术・教育交流协议

2010 年　5 月　启动与株式会社电装的产学研共同研究项目

2010 年　6 月　入选日本外务省 2010 年度“日中研究交流支援事业”项目（至 2011 年 2 月）

2011 年　4 月　与武汉大学中国传统文化研究中心签署学术・教育交流协议

2011 年　4 月　与北京大学国家发展研究院中国经济研究中心签署学术・教育交流协议

2011 年 11 月　入选人间文化研究机构（NIHU）“现代中国区域研究推进事业”联合研究基地（至 2016 年 3 月）

2012 年　3 月　与清华大学汽车工程系（现车辆与运载学院）签署学术・教育交流协议

■爱知大学国际中国学研究中心历史沿革（2012-2021）

2012 年 12 月	在本校召开以“日中关系的危险现状：如何寻找突破口”为主题的研讨会（NIHU 现代中国区域研究研讨会）
2013 年 3 月	刊发《爱知大学国际中国学研究中心（ICCS）成立 10 周年纪念册》
2013 年 11 月	ICCS・日本区域研究联盟（JCAS）联合召开主题为“如何理解日中关系本质性变化：重新把握来自其他区域的视角”国际研讨会
2014 年 3 月	完成与日本科学技术振兴机构（JST）中国综合研究交流中心的合作研究项目并刊发结题报告《日中科学技术交流 40 年》
2014 年 6 月	在中国人民大学召开“ICCS 博士双学位项目 10 周年纪念研讨会”
2014 年 7 月	学术著作《中国社会的基层变化与日中关系的变迁》由日本评论社出版
2015 年 2 月	召开以“四中全会的‘法治’与日中关系之概观”为主题的国际研讨会
2016 年 2 月	召开“现代中国区域研究”国际研讨会
2016 年 11 月	与上海外国语学院大学国际关系与公共事务学院签署学术・教育交流协议
2017 年 2 月	“迈向新纪元的日中关系”国际研讨会在本校名古屋校区召开
2017 年 9 月	学术著作《新纪元的日中关系》由日本评论社出版
2018 年 3 月	“日中友好和平条约签署 40 周年纪念研讨会：现代中国学方法论建构的日中对话”国际研讨会在本校名古屋校区举办
2018 年 4 月	国际交流学院周星教授就任国际中国学研究中心所长
2018 年 12 月	召开以“尝试新时代的日中对话：寻求现代中国学方法论之建构”为主题的国际研讨会
2019 年 11 月	ICCS・中国经济经营学会联合主办主题为“华为与中美贸易战：中国的创新将何去何从？”的国际研讨会
2019 年 11 月	爱知大学主办／ICCS 承办、爱知大学中国公开讲座⑳ 2019 特别篇“永远的邻居：从日中历史中探索亚洲的未来”（主讲人：哈佛大学名誉教授 傅高义），大约 1000 人参会
2020 年 4 月	经济学院李春利教授就任国际中国学研究中心所长
2020 年 11 月	ICCS・国际经营研究学会联合主办主题为“汽车的未来与中国：‘新四化’趋向何方？”的云端国际论坛
2021 年 1 月	召开以“与新冠共存的世界与中国：重启日中关系”为主题的云端国际论坛

2021 年　6 月　与复旦大学日本研究中心签署学术・教育合作备忘录

2021 年　8 月　爱知大学国际中国学研究中心特别纪念出版《哈佛大学名誉教授傅高义的最后一课：永远的邻居》（傅高义，李春利 著）由日本ARM 出版社出版发行

■组织机构图

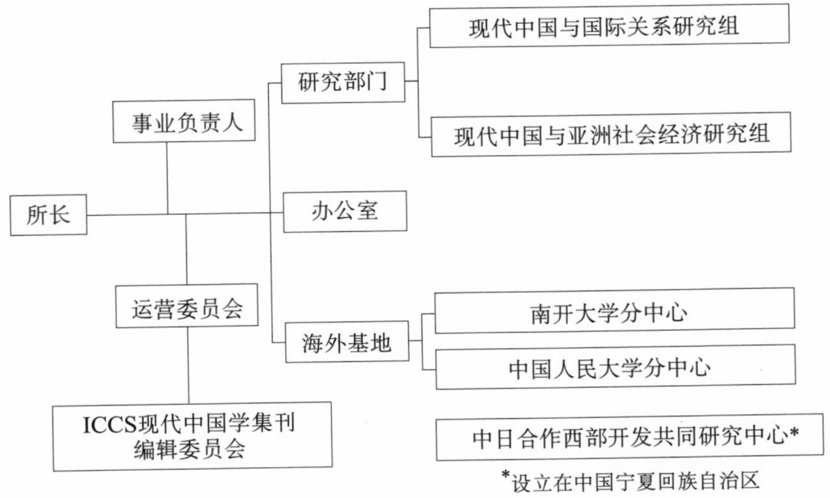

爱知大学国际中国学研究中心（ICCS）办公室

邮编 453-8777

日本国爱知县名古屋市中村区平池町 4-60-6

电话：052-564-6120　传真：052-564-6220

电子邮箱：coe-iccs @ ml.aichi-u.ac.jp

网址链接：https://iccs.aichi-u.ac.jp/

あとがきに代えて

エズラ・ヴォーゲル先生を偲ぶ

2020年はようやく過ぎ去っていきました。2020年は中国では旧暦の子（ねずみ）年で、干支では「庚子（かのえ・ね）の年」にあたります。歴史上の偶然かもしれませんが、中国では近代に入ってから、「庚子の年」のたびに災害が発生し、苦しめられてきました。過去200年の間に、「庚子の年のジンクス」とでも言えそうな現象が繰り返し観察されてきました。

干支は60年を周期とするので、そのサイクルをさかのぼってたどると、中国近代の始まりともいわれている1840年は「庚子の年」であり、この年にはアヘン戦争が勃発し、不幸な近代の幕開けとなりました。その次の「庚子の年」にあたる1900年には、義和団事件により八カ国連合軍の北京占領があり、その結果として「不平等条約」の締結と多額な賠償金の支払いを強いられ、中国は苦難の20世紀を歩むことになりました。

さらに、次の「庚子の年」にあたる1960年には、深刻な自然災害と経済政策の失敗により大飢饉に見舞われ、中国にとっては苦難に満ちた年になりました。そして、2020年も「庚子の年」にあたり、新型コロナ肺炎が猛威を振るい、中国のみならず世界的なパンデミックをもたらし、さらには、米大統領選挙の中で米中対立も先鋭化の一途をたどるなど波乱万丈な一年となりました。

そして、2020年の年末に近づいた12月20日、私たちが尊敬しているエズラ・ヴォーゲル先生が米国マサチューセッツ州ケンブリッジ市にて急逝されました。なんと「庚子の年」の最後を締めくくったのは、エズラ・ヴォーゲル先生の訃報でした。それも「天命」ということなのでしょうか。

＊　　　＊　　　＊

あまりにも突然の訃報に接し、私は驚きと同時に、なによりも悔しい気持ちでいっぱいでした。なぜかというと、ヴォーゲル先生に本書を読んでいただくことが不可能になったからです。

亡くなられる1か月前にヴォーゲル先生とメールを交わし、愛知大学での講演録の校正と本書の出版の進捗状況を報告したところ、翌日にさっそくご返事をいただきました。いまは大変忙しいので時間的に余裕がなく、校正と出版についてはすべて君にまかせたいといった内容でした。また、少し健康上の問題はあるが、すでに引き受けたセミナーや講演会などはなんとかしてこなしたいと書かれていました。まさかこれが最後のメールのやりとりになるとは夢にも思いませんでした。メールを送った11月23日は、ちょうどヴォーゲル先生の愛知大学でのご講演から1年経った日でした。

その前の連絡は、ヴォーゲル先生の90歳のお誕生日の7月11日より数日前のことでした。中国では90歳の誕生日のことを「九十華誕」とよび、大変おめでたい節目の誕生日にあたります。その際に、私は英語と中国語と日本語の3か国語でお祝いのメッセージを贈り、そこにヴォーゲル先生の愛知大学でのご講演の動画を添付しました。

先生は上機嫌で、さっそくご返事を寄せてくださいました。自分は健康であるうえ多くの友人に恵まれていることを大変幸運に思っていると、それから愛知大学への訪問は大変思い出深いものであったと書かれていました。そして、このYouTubeの動画は何人ぐらい見たのかを知る方法はありますか、とも尋ねられました。

せっかくの機会ですので、先生のメールの原文を引用しておきます。先生はいつも少年のような強い好奇心と旺盛な学習意欲に満ち溢れていました。それは彼の若さの秘密であり、また、生涯現役を支える原動力でもありました。

On 2020/07/08 2:48, Ezra Vogel wrote:

Chunli,

Thank you so much for sending this and for wishing me Happy Birthday. I feel very fortunate to be healthy and to have so many friends.

Congratulations on being made head of the International Center for Chinese Studies.

I think my visit to Aichi was a very memorable occasion and I appreciate all the arrangements you made. I also appreciate that you made a You Tube. Do you have a way to know how many people see the You Tube?

Best,

Ezra Vogel

心よりエズラ・ヴォーゲル先生のご冥福をお祈り申し上げます。合掌。

*　　　*　　　*

本書の出版にあたり、実に多くの方々のご協力とサポートをいただきました。

まず、ヴォーゲル先生の令夫人シャーロット・イクルス（Charlotte Ikels）教授からは、本書の出版に対して多大なご理解とご協力を賜りました。本書に収録されているヴォーゲル先生の講演録については、ご令息のスティーブン・ヴォーゲル（Steven Vogel）教授に事前に目を通していただきました。本書の英文タイトルの決定や米国との連絡については、ヴォーゲル先生の愛弟子であるリチャード・ダイク（Richard Dyck）博士に大変お世話になりました。

また、愛知大学国際中国学研究センター（ICCS）特別記念出版の機会を作ってくれたICCS関係者の皆様、そして、本企画を支持してくださった川井伸一学長の理解なしでは本書の出版が実現できませんでした。さらに、愛知大学国際コミュニケーション学部准教授の友松夕香先生からは、貴重な英語文献である「ヴォーゲル・レター」の翻訳校正や英語の書名について大変有益なアドバイスをいただきました。

原稿の作成にあたり、ICCS事務室の瀬名雅芳さんに各種細かい編集作業を忍耐強くお手伝いいただいたおかげで、このような情報豊かな記念文集になりました。また、中部大学准教授の大澤肇先生、愛知大学講師の石田卓生博士、ICCS研究員の深串徹博士、元研究員の椎名一雄博士には何度も校正の労を取っていただきました。さらに、歴史関連の写真については、愛知大学東亜同文書院大学記念センターの三好章所長のご支持の下で、事務室の伊藤綾子さんに様々なご協力をいただきました。

出版にあたっては、株式会社あるむの寺西功一氏に表紙編集から詳細な内容確認まで大変ご苦労をおかけいたしましたが、最後まで忍耐強くご協力をいただきました。このような方々の力強いご協力のおかげで、ヴォーゲル先生の日本における最後の講演会は、『ハーバード大学名誉教授 エズラ・ヴォーゲル最後の授業 永遠の隣人』という形で歴史の一ページに残すことができました。なお、当初は新しく発行されるICCSブックレットシリーズの第一号として出版を企画しておりましたが、ヴォーゲル先生の急逝を受けて、「愛知大学国際中国学研究センター特別記念出版」として本書を刊行することになりました。

最後に、ヴォーゲル先生が愛知大学を訪問された際に、企画段階から講演会本番、ならびにその後の動画編集に至るまで、愛知大学広報課の中野貴文課長をはじめるとするスタッフの皆様にも多大なご協力をいただきました。

あわせてご協力いただいたすべての方に心より厚く御礼を申し上げます。

大変遅ればせながら、謹んで本書をエズラ・ヴォーゲル先生の霊前に捧げたいと存じます。

2021 年 8 月 30 日

李　　春 利

[著者紹介]

エズラ・F・ヴォーゲル（Ezra F. Vogel、**傅高義**）

ハーバード大学ヘンリー・フォードII世社会科学名誉教授。

1930年アメリカ・オハイオ州生まれ。1958年ハーバード大学社会関係学部博士課程修了、社会学博士号を取得。ハーバード大学社会学部教授や東アジア研究センター所長を経て、日米関係プログラム所長、フェアバンク中国研究センター所長、アジアセンター初代所長などを歴任。1979年に『ジャパン・アズ・ナンバーワン』を出版し、日本で70万部を超えるベストセラーに。1993年から95年にかけてワシントンの国家情報会議（NIC）東アジア担当の国家情報官に就任。

2000年に教職から引退し、10年以上を費やして『現代中国の父 鄧小平』（2011年）を執筆。同書は中国で100万部を超えるベストセラーを記録したほか、外交関係書に贈られるライオネル・ゲルバー賞、全米出版社協会PROSE賞特別賞を受賞し、エコノミスト誌、フィナンシャル・タイムズ紙、ウォール・ストリート・ジャーナル紙、ワシントン・ポスト紙などの年間ベストブックに選ばれた。新著*China and Japan: Facing History*は2019年にハーバード大学出版会より出版された後、同年に中国語版『中國和日本：1500年的交流史』（香港中文大学出版社）、日本語版『日中関係史―1500年の交流から読むアジアの未来』（日本経済新聞出版社）も相次いで出版され、大きな社会的関心を呼んでいる。

2020年12月20日に米国マサチューセッツ州ケンブリッジ市にてご逝去、享年90歳。

[著者紹介]

李 春利（りしゅんり、LI Chunli）

愛知大学経済学部教授・大学院中国研究科教授

愛知大学国際中国学研究センター（ICCS）所長

中国遼寧省生まれ。中国社会科学院大学院、京都大学を経て、1996年に東京大学にて経済学博士号を取得。1997年愛知大学に赴任、2004年より教授。専門分野は中国経済論、国際産業論及び環境・交通経済論。浙江大学講座教授、南開大学兼任教授、ハーバード大学上級研究員（fellow）、MIT国際自動車研究プログラム（IMVP）兼任研究員、東京大学モノづくり経営研究センター特任研究員、日本華人教授会議代表、全日本華僑華人連合会副会長などを歴任。国際ビジネス研究学会理事・中部支部長、中国経済経営学会理事、清華大学・復旦大学日本研究センター兼任研究員。国際ビジネス研究学会賞、日本経営史学会賞受賞。

著書には『新次元の日中関係』『中国多国籍企業の海外経営』（共著、日本評論社）、『インド vs. 中国』（共著、日本経済新聞出版社）、『中国製造業のアーキテクチャ分析』（共著、東洋経済新報社）、『現代中国の自動車産業』（単著、信山社）、*Japanese Foreign Direct Investment and the East Asian Industrial System*（共著、Springer Verlag）、*Fordism Transformed*（共著、Oxford University Press）など多数。著書・論文は日本語、英語、中国語で発表されるほか、フランス語とドイツ語にも翻訳される。

本書は愛知大学教育研究支援財団の助成を受けて出版しています。

The Last Lecture: Ezra Vogel on CHINA and JAPAN

Ezra F. Vogel and Chunli Li

A Special Commemorative Publication
International Center for Chinese Studies, Aichi University

愛知大学国際中国学研究センター（ICCS）　特別記念出版

ハーバード大学名誉教授
エズラ・ヴォーゲル　最後の授業
―永遠の隣人―

発行日	2021 年 8 月 30 日
著　者	エズラ・F・ヴォーゲル　李春利
発　行	株式会社あるむ
	〒 460-0012 名古屋市中区千代田 3-1-12 TEL：052-332-0861 ／ FAX：052-332-0862
印　刷	興和印刷／精版印刷
製　本	渋谷文泉閣

 ISBN978-4-86333-177-8 C0036